Dieter Kreutzkamp

Mit dem Kanu
durch Kanada

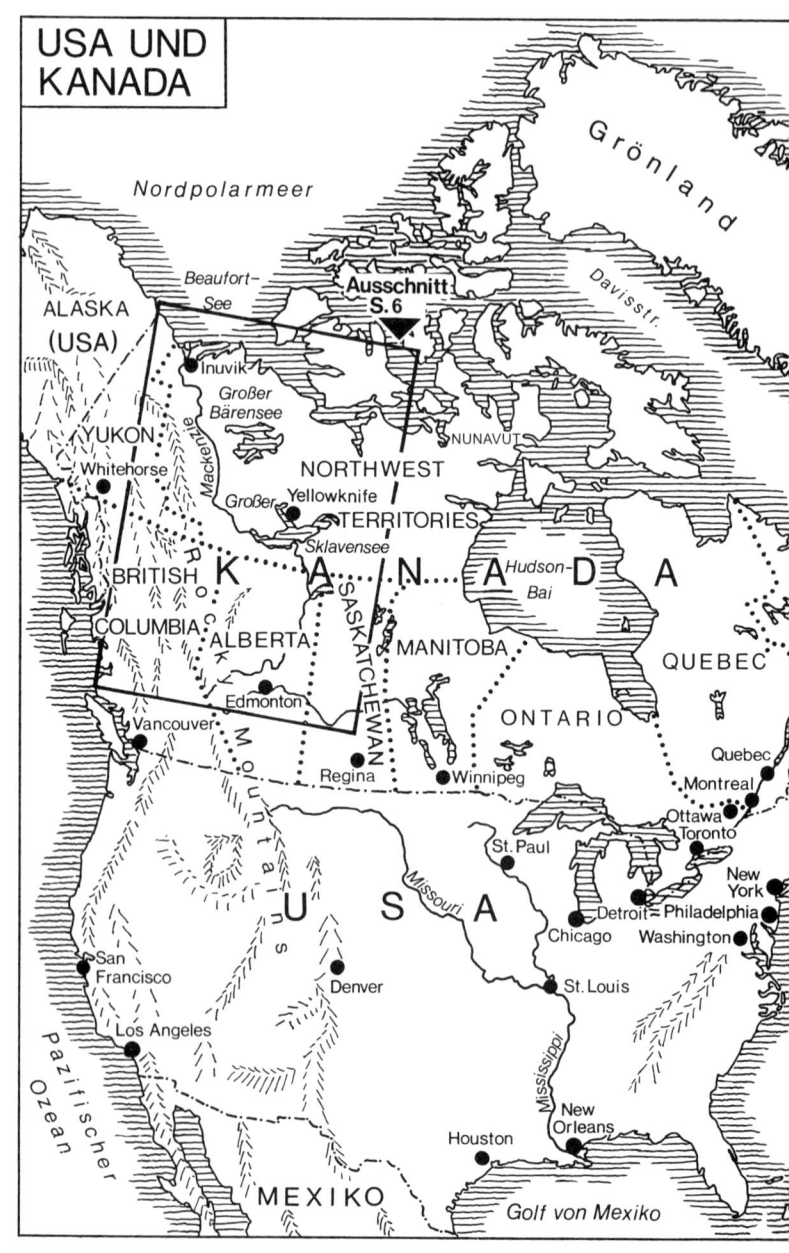

USA UND KANADA

Grönland

Nordpolarmeer

Beaufort-See

Ausschnitt S. 6

Davisstr.

ALASKA (USA)

Inuvik

Großer Bärensee

YUKON

Whitehorse

Mackenzie

NUNAVUT

NORTHWEST

Yellowknife

Großer Sklavensee

TERRITORIES

Hudson-Bai

BRITISH

K A N A D A

COLUMBIA

ALBERTA

SASKATCHEWAN

MANITOBA

QUEBEC

Edmonton

ONTARIO

Vancouver

Regina

Winnipeg

Quebec

Montreal

Ottawa

Toronto

R o c k y

M o u n t a i n s

St. Paul

St. Louis

Missouri

New York

U S A

Detroit

Philadelphia

Chicago

Washington

San Francisco

Denver

Los Angeles

Mississippi

New Orleans

Houston

Pazifischer Ozean

MEXIKO

Golf von Mexiko

Dieter Kreutzkamp

Mit dem Kanu durch Kanada

Auf den Spuren der Pelzhändler

Mehr über unsere Autoren und Bücher:
www.malik.de

Bibliografische Information der Deutschen Bibliothek
Die Deutsche Nationalbibliothek verzeichnet diese Publikation in der
Deutschen Nationalbibliografie; detaillierte bibliografische Daten
sind im Internet über http://dnb.d-nb.de abrufbar.

MALIK NATIONAL GEOGRAPHIC

Originalausgabe
11. aktualisierte Auflage April 2010
© Piper Verlag GmbH, München 1989
Umschlaggestaltung: Dorkenwald Grafik-Design, München
Innenteil- und Umschlagfotos: Dieter Kreutzkamp
Redaktion: Susanne Härtel, München
Karten: Isolde Notz-Köhler, München
Papier: Naturoffset ECF
Druck und Bindung: CPI – Clausen & Bosse, Leck
Printed in Germany   ISBN 978-3-492-40045-9

Das Papier wurde aus chlorfrei gebleichtem Zellstoff hergestellt.

Inhalt

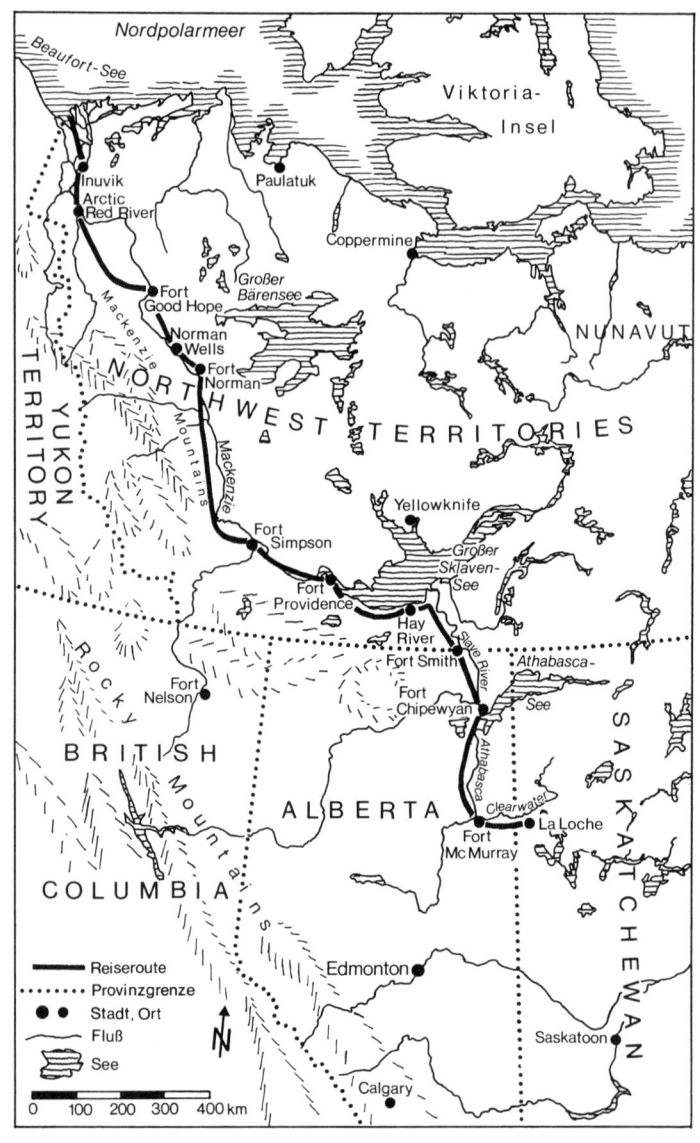

Nordpolarmeer

Beaufort-See

Viktoria-
Insel

Inuvik
Arctic
Red River

Paulatuk

Coppermine

Fort
Good Hope

Großer
Bärensee

NUNAVUT

Norman
Wells
Fort
Norman

N O R T H W E S T   T E R R I T O R I E S

YUKON
TERRITORY

Mackenzie

Yellowknife

Großer
Sklaven-
See

Fort
Simpson

Fort
Providence

Hay
River
Fort Smith

Slave River

R o c k y

Fort
Nelson

Fort
Chipewyan

Athabasca-
See

Athabasca

M o u n t a i n s

B R I T I S H

A L B E R T A

S A S K A T C H E W A N

Clearwater
La Loche

Fort
Mc Murray

C O L U M B I A

Reiseroute
Provinzgrenze
Stadt, Ort
Fluß
See

Edmonton

N

Saskatoon

0 100 200 300 400 km

Calgary

Wie alles begann

Das Kanadafieber in mir ist so alt wie mein erstes Schmökern in Lederstrumpfgeschichten und den Wälzern Karl Mays. Die meisten hab' ich verschlungen. Habe geträumt, Pläne geschmiedet: Wenn ich mal groß bin...

Ich wurde erwachsen, und die Träume wuchsen mit. Doch anstatt Trapper wurde ich Lebenszeitbeamter. Aber die Vorstellung, daß da noch spannendere Dinge sein müßten, als Paragraphen zu reiten, nahm Gestalt an. Ich spielte mit dem Gedanken auszusteigen...

Über die Jahre reifte die Idee zum Entschluß. Juliana, meine Frau, war mit von der Partie. Eines Tages ließen wir uns entlassen, verpackten unseren Hausrat in Kisten, verstauten sie auf einem Speicher und fuhren los.

Ich wollte meinen Traum auf seine Echtheit hin abklopfen. So zünftig und abenteuerlich wie möglich sollte der Kanada-Trip werden, am besten auf Pferderücken. Zunächst kauften wir uns einen alten VW-Bulli als rollendes Zuhause. Im Süden Ontarios lernten wir bald drauf Nick kennen, einen jener Outfitter, die Kanus vermieten und Wildnistouren mit Touristen veranstalten.

Es war ein sonniger Tag, doch noch so kühl, daß die Mücken zu träge waren, auf Jagd zu gehen. Ein junger Bursche startete an einem Teich die ersten Angelversuche. Die Strahlen der nur eine Handbreit über dem Wasser stehenden Morgensonne brachen sich in flinken kleinen Wellen, die im Waschbrettmuster über den See rollten. Nick beugte sich zu mir über den grob gehauenen Tisch. „Die Seele Kanadas lernst du wie in den großen Tagen der Hudson's Bay Company nur im Kanu kennen." Dabei fuhr er mit seinem knorrigen Finger über das auf der Karte eingezeichnete Netzwerk ineinander verästelter Seen, Flüsse und Rinnsale Ontarios.

Noch im selben Sommer kauften wir von ihm ein gebrauchtes Kanu. Gelb war's, vorn mit dem „Shamrock" drauf, einem Kleeblatt, dem Symbol Irlands. Neunzig Dollar haben wir ihm dafür auf den Tisch gelegt – eine lächerliche Summe für ein solides Boot. Doch im Süden Ontarios ist Paddeln so selbstverständlich wie Radfahren in Amsterdam. Kanupreise sind entsprechend günstig.

Nick, der gebürtige Ire, hatte mich verschmitzt angeblickt, als er einschlug: *„Good bargain."*

Vielleicht war's wirklich ein Freundschaftspreis. Mag sein, daß er sich erinnerte, wie's bei ihm angefangen hatte...

Nick half mir, das gelbe Kanu aufs Autodach zu hieven. Eigentlich hatten wir das Boot nur gekauft, um es mal abends vom Wagendach zu nehmen, um in Muße reinzupaddeln in die Mitternachtssonne, hier und da mal 'ne Forelle aus dem See zu holen. Es kam anders...

Es war ein großer Zufall, daß Juliana noch im selben ersten Kanadasommer in Manitoba eine alte Pelzhandelsinformation in die Hand kriegte, die uns beide elektrisierte.

„Das ist der legendäre Churchill River, der zur Hudson Bay fließt... Irgendwo da", Julianas Finger malte einen Kreis an der Mündung des Churchill River, „muß das Hauptquartier der Hudson's Bay Company gelegen haben."

Wir mühten uns ab, mit den Augen dem verzwickten Verlauf dieses berühmten „Pelzhändler-Highways" durch Manitoba zu folgen. Dann gaben wir es auf. Auf topographischen Detailkarten Nordwestkanadas verschiebt sich Grün zugunsten von Blau, Land zugunsten des größten Süßwasserbeckens auf Erden. Ein Paradies für Kanuten.

Juliana hat mich durch dick und dünn begleitet. Dabei habe ich sie gut kennengelernt. Sie ist nicht ganz so spontan wie ich, eher abwägend. An diesem Tag aber war sie sofort Feuer und Flamme. Hudson Bay..., das klang gut! Ein Kanu hatten wir auch. Und Neues, am liebsten irgendwo im Grenzbereich des Machbaren, hatte uns schon immer gereizt.

Die Nacht wurde lang mit Träumen, Pläneschmieden.

*

Erste Kanuversuche in Kanada: Juliana auf dem Maligne Lake in den Rocky Mountains

Im selben Sommer paddelten wir zweitausend Kilometer auf dem Churchill River zur Hudson Bay. Die Nordlandliebe kroch mir während des Trips unter die Haut wie ein Bazillus. Wer auf den Flüssen Kanadas dem Lachen des *loon*, dem Seetaucher, wie der Tauchvogel des Nordens genannt wird, einmal gelauscht hat, will es wieder hören. Es wurde für mich zum Lockruf der Wildnis. Wir benannten sogar unser Kanu nach ihm.

Mir wurde schwer ums Herz, als ich am Ende unseres ersten Kanadasommers das Land in eine überwältigende Farbenpracht von Gelbrot bis Tiefbraun getaucht sah. Der Winter hatte sich angesagt. Schlechte Zeiten für Kanuten.

Es war ein milder Herbstabend in den Rocky Mountains, leichter Wind strich über die Tannen, so daß ein feines Pfeifen in der Luft lag. Der Mond mühte sich ab, durch die dichten Zweige zu blinzeln. Wir saßen vor unserem Auto und blickten über den vor uns liegenden Spray Lake, umrahmt von der schartigen Bilderbuchkulisse der Berge. Es bedurfte an diesem Abend keiner großen Diskussion, übereinzukommen, auch den nächsten Sommer in Kanada zu verbringen.

Um den Winter sinnvoll zu überbrücken, folgten wir mit unserem Bulli den Zugvögeln gen Mexiko und weiter nach Südamerika. Es war eng geworden im Auto: Bergeweise stapelten sich Bücher, Notizen und Karten von Nordwestkanada. Ich hatte die Idee, im kommenden Sommer von Südkanada in die nordwestliche Arktis zu paddeln. Juliana hatte eingewilligt . . ., nach einigem Zögern. Sie war skeptisch, ob sie es psychisch verkraften würde, einen ganzen Sommer in der Wildnis zu leben. Allein, das heißt, nur auf uns beide gestellt.

Was sich langsam in meinem Kopf als Plan herausschälte, war die Befahrung einer der berühmtesten historischen Kanurouten, über die vor zweihundert Jahren der Pelzhandel in ein Land getragen wurde, von dessen Dimension und Reichtum damals keiner eine Ahnung hatte.

Ich habe in vielen historischen „Journalen" über diese Epoche gelesen. Den Pelzhändler Alexander Mackenzie lernte ich dabei so gut kennen, daß ich bei geschlossenen Augen sein buntes Birkenrindenkanu auf den Flüssen vor mir zu sehen glaubte. Ich las von den Querelen der „Honourable Company", der ehrenwerten Gesellschaft der Abenteurer unter der Flagge der Hudson's Bay Company. Und an stillen Abenden meinte ich das Singen der paddelnden Kanubrigaden zu hören: *„Youpé, youpé, youpé sur la Rivière."*

Aufbruch ins Athabasca-Land

Pünktlich zu Beginn der Kanuzeit sind wir zurück in Kanada. Immer wieder hatte ich in Südamerika von diesem Moment geträumt. Während der vergangenen Monate war auch mein Plan gereift: Von Süd- nach Nordkanada hatte ich eine durchgehende Wasserverbindung ausgetüftelt, rund dreieinhalbtausend Kilometer lang. Bei der gesamten Länge handelt es sich um Nordwestkanadas mächtigstes Wassersystem, den Mackenzie River. Zunächst müßten wir uns zum Clearwater River durcharbeiten, dann weiterpaddeln auf dem Athabasca- und Sklavenfluß, rüber über den Großen Sklavensee und zum Schluß gut 1600 Kilometer auf dem Mackenzie River zum Eismeer, der Beaufort-See.

Von Edmonton aus rollen wir über Lloydminster und Meadow Lake nach La Loche. Die letzten dreihundert Kilometer durch endlos wirkende dichte Wälder führen über holprige Straßen.

Anfang Juni in Saskatchewan. Eine gute Zeit, östlich der Rokkies unterwegs zu sein. Fast täglich scheint die Sonne. Das Tiefblau des Himmels wird nur unterbrochen von eindrucksvollen weißen Wolkenbergen. Das Land ist üppig grün, so als würde die Natur nach dem langen Winter explodieren, froh darüber, Eis und Schnee endlich hinter sich gebracht zu haben.

La Loche, unser Ziel, im Herzen der Prärieprovinz gelegen, deren charakteristische Getreidelandschaft hier einem zweitausend Kilometer sich nach Norden erstreckenden Urwald gewichen ist, liegt am Ende der Schotterpiste. Der kleine Indianerort soll unser Sprungbrett zur Arktis werden.

Es ist mild an diesem Abend. Ein paar Insekten summen. Juliana wirkt ein wenig verloren zwischen Bergen von Lebensmitteln und Ausrüstungsgegenständen, die sich vor unserem Kanu stapeln.

Das geht in den Kahn nie rein, sagt ihr Gesichtsausdruck. Aber irgendwie wird sie es schaffen. Wie immer.

Mag sein, daß der eine oder andere nachsichtig lächelt über das, was wir mitschleppen, doch für Monate in der Wildnis zu verschwinden ist was anderes, als für zwei Wochen auf der Donau zu paddeln.

Unsere Ausrüstung ist stabil und zünftig: derbe Kleidung, überwiegend aus US-Armee-Beständen, voluminöse US-Daunenschlafsäcke, ein kleines Zelt. Töpfe, Pfanne, Grill, Machete zum Holzhacken, zwei Angeln, Angelschnüre, Haken und Blinker – und ein Ersatzpaddel. Es wird auch Stromschnellen geben.

Über zwanzig gute topographische Karten mit genauem Flußverlauf und eingezeichneten Stromschnellen hatten wir uns bei der „Alberta Mapping Branch" in Edmonton gekauft. Brauchbare Kanu-Informationen stellte uns „Travel Arctic", das Verkehrsbüro der Nordwestterritorien, zur Verfügung. Was sonst noch an Tips fehlte, hatten wir uns in den Buchläden an Edmontons Jasper Avenue besorgt. Verläßliche Hinweise können im Busch lebensnotwendig sein. Aber sie wiegen eine Menge und kosten Platz.

Dazu kommen noch rund vierzig Kilo Lebensmittel: Reis, Nudeln, Mehl, Kartoffelpulver, eben Grundnahrungsmittel. Kanufahren macht hungrig, und deftige Kost ist uns wichtiger als tütchenweise gefriergetrocknete Mahlzeiten, die wenig Gewicht haben. Auch wenn's zu Lasten des Gewichts geht. Als Abwechslung im Speisezettel planen wir Beeren und Fische ein. Es ist leichtsinnig, nur mit dem zu reisen, was man – scharf kalkuliert – bis zum nächsten Etappenziel benötigt. Vor uns liegt Wildnis, in ihrer Unberechenbarkeit ernst zu nehmen. Es wird Tage geben, an denen uns Sturm und Hagel zum Anlegen zwingen werden, und dann ist es gut, gewappnet zu sein.

Daneben gibt es noch ein paar Kleinigkeiten, die wir wie einen Schatz hüten: zum Beispiel Nelkenöl gegen Zahnschmerzen und zwei Fläschchen Muscol – starker kanadischer Tobak gegen Moskitos. Im Vorjahr hatten wir ein deutsches Mückenschutzmittel auf dem Churchill River dabeigehabt. Die gierigen Biester haben's geschlürft wie einen Aperitif. Seitdem kämpfe ich mit Muscol und Knoblauch. Das hält kein Moskito aus.

Unser letzter Abend in La Loche wird lang. Wir stapeln Rollen

von Toilettenpapier, füllen Salz, Pfeifentabak und Filme in wasser-
dichte Behälter. Kameras und Objektive bringen wir in einer
spritzwassersicheren Tasche unter. Unglaublich, was in unsere
Nußschale reinpassen soll!

Und Juliana thront mitten im Chaos, ordnet, packt, verstaut,
notiert. Mit der Akribie einer Buchhalterin. Neben ihr türmt sich
wie ein Schatzhäuflein richtiges Graubrot. Wir hatten es in einem
Supermarkt entdeckt, herrlich duftend und sogar deutsch be-
druckt: „Holzofenbrot. Kernig wie zu Mutters Zeiten. Hergestellt
in Dimpfelmeiers Backhaus, Toronto".

Als wir abends in die Schlafsäcke kriechen, stelle ich fest, daß
unser Reisewecker seinen Geist aufgegeben hat. Soll er. Die nächsten Monate werden wir uns treiben lassen. Enten, in Kanada
überall da anzutreffen, wo eine Pfütze voll Wasser ist, werden uns
früh genug lautstark wecken.

*Die letzten Vorbereitungen: Bergeweise stapeln sich Lebensmittel
und Ausrüstung vor unserem Kanu*

Unsere Gutenachtgeschichte an diesem letzten Abend vor dem Aufbruch ist alles andere als beruhigend: *„Heavens!"* Juliana blättert aufgeregt in einem Heft von Reader's Digest. „In den Rockies ist wieder ein Pärchen von Bären angefallen worden."

Plötzlich bin ich hellwach. Ein Gewehr haben wir nicht dabei. „Zu Hause kann dir auch ein Dachziegel auf den Schädel knallen", sage ich lässig. Trotzdem, überzeugen kann ich uns beide nicht. Das war wohl die falsche Bettgeschichte zum falschen Zeitpunkt.

2. Juni, acht Uhr morgens. Es wird ernst. Beth McAllister, einer Angestellten der örtlichen Polizei, zeige ich, wie unser Bulli zu starten ist. *„I'll take care, you guys. Don't worry."* Sie wird den Wagen die nächsten Monate ein paarmal warmlaufen lassen. Wir haben die Erlaubnis erhalten, unser Auto bis zum Herbst auf dem Parkplatz der Royal Canadian Mounted Police unterzustellen. „Ohne Garantie", wie mir der Corporal der RCMP versichert. „Wenn in La Roche gefeiert wird, kann schon mal der eine oder andere Autoreifen zerstochen werden – auch auf unserem Gelände."

Sicherheitshalber registriere ich uns bei der Polizei.

„Wie lange werdet ihr für die erste Etappe bis Fort McMurray am Athabasca brauchen?"

Ich greife etwas hoch: „Zehn Tage vielleicht."

Er notiert's. Die Meldung geht ab nach Fort McMurray. Sollten wir am 13. Juni nicht dort sein, wird eine Suchaktion gestartet. Ein beruhigendes Gefühl.

Der Himmel über La Roche wirkt dramatisch. Ein paar örtliche Regenschauer gehen nieder. Der Abschied von dem Indianerkaff mit 2300 Einwohnern – davon 350 Kinder und 17 weiße Polizeibeamte – fällt uns nicht schwer. Irgendwie wirkt das Nest verbeult, viele Häuser ungepflegt, manche zu grell gestrichen.

Als der Regen nachläßt, liegt eine unwirkliche Stimmung über dem Lake La Roche. Kein Lufthauch geht. Der See ist ganz ruhig. Still gleitet unser Kanu durchs Wasser. Einen Moment horche ich in mich hinein. Angst? Nein, mit Sicherheit nicht. Eher das Gefühl eines Rennpferdes kurz vor dem Start, ungeduldig mit den Hufen scharrend. Fische springen in die Luft, zwei Reiher stehen stoisch in einer sumpfigen Bucht, ein Adler schraubt sich in den Himmel. Gut zwanzig Pelikane benutzen eine Sandbank im See als Basis für ihre Fischzüge. Durchdringendes Hundegeheul wird immer schwächer, bis es ganz verklingt. Ganz ruhig ist es, nur das Klatschen der Paddel durchbricht die Stille.

„Woran denkst du?" Juliana wendet sich mir zu. Einen Moment lassen wir uns treiben. Scharf zerteilt der Bug des Kanus das Wasser. „Daran, ob wir wohl gut ankommen werden?" Manchmal ist sie mir einen Zug voraus in ihren Gedanken. Nicht, daß sie ängstlich ist. Vermutlich sieht sie eher die Ganzheit, die volle Distanz über 3500 Kilometer bis zum Eismeer. Vielleicht sieht sie Probleme, die ganz sicher auf uns zukommen werden. Ich will in Etappen denken. Zunächst bis zum Athabasca River. Bis dahin ist es noch weit. Dort werden wir weitersehen.

Ich habe keine Ahnung, was es bedeutet, für knapp drei Monate in der Wildnis unterzutauchen, allein zu sein. Gedankenblitze wie: „... und wenn du dir den Fuß brichst?" bis hin zu: „Was tun bei einer Blinddarmentzündung?" hatten wir schon zigmal durchdiskutiert. Natürlich ist's ein Risiko. Aber keins, das völlig unberechenbar oder unkalkulierbar wäre. Was soll's – meine Alternative hierzu wäre der Beamte zu Hause am Schreibtisch gewesen...

Ich lehne mich zurück im Boot. Der Himmel ist aufgerissen. Die Sonne zwängt sich durch weiße, pralle Wolkenberge, die diesem Land gelegentlich die Bezeichnung *Big Sky Country* eintragen. Ich kneife die Augen zusammen, massiere meine Hände, die vom Paddeln taub geworden sind. Es dampft über dem See. Leichter Nebel gibt dem Bild den Hauch einer chinesischen Stimmungsmalerei. Es ist gut, wieder „daheim" in der Wildnis zu sein.

Es ist früher Abend, als wir das andere Ende des Lake La Loche erreichen. Ich versuche mir vorzustellen, was im Kopf jenes Mannes vorgegangen sein muß, der genau an dieser Stelle 1778 die kürzeste Landverbindung zwischen den Wassern, die zur Hudson Bay, und jenen, die zur Beaufort-See strömen, entdeckte.

Vor gut 200 Jahren war die Entdeckung des Methye-Pfades durch den Pelzhändler Peter Pond vom La-Loche-See bis hin zum Clearwater River eine Sensation. Doch die Nachricht davon verbreitete sich nur langsam in einem Territorium von der vielfachen Größe Deutschlands mit nur einer Handvoll Menschen. Peter Pond, ein selbständiger Pelzhändler aus dem Pelzhandelszentrum Montreal, hatte sich – von Osten kommend – durch die Pfründe der Hudson's Bay Company hierher getastet. Illegal, wie er wohl wußte.

Seit König Charles II. von England die Charta der Company 1670 unterzeichnet hatte, beanspruchte die „Gesellschaft der Abenteurer", wie sie sich nannte, alle Land- und Pelzhandelsrechte im Einzugsgebiet der Wasser der Hudson Bay, einem Areal von unüberschaubaren Ausmaßen, so unermeßlich wie der Pelzreichtum. Es hatte viele Kämpfe zwischen den einsickernden Händlern aus dem Osten und der etablierten Hudson's Bay Company gegeben. Manche der neu gegründeten Handelsniederlassungen waren als „Whisky Fort" in die Geschichte eingegangen. Ein Ausweichen der rivalisierenden Pelzhändler auf der Jagd nach Biber- und Wolfspelzen war nicht möglich gewesen. Zugang zur Wildnis bestand nur soweit, wie es die letzten Verästelungen der Quellflüsse Zentralkanadas zuließen. Und just in dieser Situation entdeckte Peter Pond die Wasserscheide und gleichzeitig kürzeste Landverbindung zwischen den Gewässern der Hudson Bay und jenen der Beaufort-See. Er legte damit den Grundstein für die Erschließung des zunächst als Athabasca-Land bezeichneten Nordwestens. Im Gefolge von Peter Pond erschloß später Alexander Mackenzie den riesigen Westen im Kanu.

Und auf diesen historischen Routen wollen wir nun paddeln. Die Geschichte der Pelzhändler ist jung, das Land meist noch unberührt wie damals.

Zwischen 1778 und dem Anfang dieses Jahrhunderts wurde der bald auf den Fährten Peter Ponds durch den Busch geschlagene „Methye Trail" zum vielbegangenen Portagenpfad, über den Abertausende von Pelzen geschleppt wurden. Hier haben die buntgekleideten Kanumänner geschwitzt, geflucht und gelacht, die ihrer frankokanadischen Herkunft wegen *voyageurs* genannt wur-

Biber beim Dammbau. Seinetwegen wurde Kanada erschlossen, denn Biberpelze waren begehrt

den. Hier schleppten sie im Laufschritt Ausrüstung und Pelzballen, 80 Pfund schwere Packen, die sie *pièces* nannten, um sie am anderen Ende des Trails in riesigen Birkenrindenkanus zum Weitertransport verstauen zu können.

Für den Voyageur heute wie damals gehört das Umtragen von Boot und Ausrüstung um Wasserfälle und Stromschnellen auf Portagen-Trails zum Alltag. Was die „Methye Portage" allerdings einmalig macht, ist ihre Länge von 21 Kilometern: Sie ist die längste Portage zwischen Montreal und der westlichen Arktis. Und doch – vielleicht gerade deswegen – hatten wir uns in den Schädel gesetzt, sie zu begehen.

Der La-Loche-See glänzt an diesem Nachmittag wie flüssiges Silber. Auf der Suche nach dem Anfang des Pfades stöbern wir Enten auf.

„Das darf doch nicht wahr sein!" stöhnt Juliana.

Auf einer flachen Landzunge steht da mitten im Busch eine Zeltsiedlung mit sechs großen gelben Hauszelten. Dahinter parkt ein Hubschrauber. An einem sechs Meter hohen Fahnenmast baumelt müde die Fahne des Hamburgerbrutzlers McDonald's.

Wir klettern aus dem Kanu und folgen dem Gemurmel von Männerstimmen. Ich rüttle am Eingang des größten Zeltes.

„Come in."

Ich blicke ins Halbdunkel. Drinnen sitzen sieben Männer beim Abendessen. Buschkanadier, die so schnell nicht aus der Ruhe zu bringen sind. Nur kurz sehen sie hoch.

„Hi, folks." Der Älteste der Gruppe lädt uns zum Sitzen ein. *„You wonna coffee?"* Er geht zum Herd, gießt zwei Tassen voll und bringt sie uns selbst rüber. Dazu gibt's Kuchen.

Gastfreundschaft wie hier werden wir während des Trips noch häufig erleben. Nicht besonders überschäumend, eher zurückhaltend, dafür um so herzlicher. Rick, der Älteste, ist 38 Jahre alt, Geologe und Boß der kleinen Gruppe, die für eine große Minengesellschaft Bodenproben sammelt. Vielleicht steht hier in zehn Jahren ein Bergwerk. Die übrigen Burschen im Camp, alle um die 25 Jahre, sind Geologiestudenten, die hier Erfahrungen, vor allem aber harte Dollars sammeln.

Mittlerweile dampft der vierte Becher dünnen Kaffees vor mir. Jeff, einer der Jüngeren, bringt uns Rippenbraten. Es kommt mir wie ein Traum vor, besser hätte ich die Tour nicht beginnen können.

„Ihr könnt im Zelt des Kochs schlafen." Rick zeigt uns den Weg. „Eine verflixte Niete ist der Koch gewesen. Nicht mal Bohnen aus der Dose hat der gar gekriegt." Einstimmig hatten sie ihn gefeuert. Seitdem kochen sie reihum selbst. Und nicht schlecht. Und die

McDonald's-Fahne, versichert Rick, sei ein Jux. Die würde nur zum Abendessen gehißt.

Am anderen Morgen um sieben frißt sich das Geräusch einer Motorsäge in meinen Gehörgang. Hätte mich nicht der Schlafsack gehindert, ich hätte senkrecht im Bett gestanden. Rick grinst übers ganze Gesicht. „Ich wollte euch nur unseren Wecker vorführen!"

Bei Pfannkuchen mit Sirup zu heißem Kaffee erzählt er uns am wackligen Frühstückstisch die Geschichte seiner „zweiten Geburt", wie er es nennt:

„Das Camp hier habe ich allein eingerichtet. Tagelang habe ich mit 'ner alten ‚Beaver' von La Loche aus Zelte, Ausrüstung und Lebensmittel rübergeflogen. Ende Mai dann, morgens so gegen neun, hörte der Motor unserer ‚Beaver' auf zu dröhnen. Da sitzt du in diesem verdammten Kasten und segelst wie im *hangglider*. Und unter dir nichts als Wald. Nicht mal 'ne Schneise, so breit, daß du einen Hut durchwerfen könntest. Aber das Gleiten mit einer ‚Beaver' ist so, als würdest du einem Stein das Segeln beibringen. Wir krachten in die Bäume. Aber da die ‚Beaver' ein verdammt solides Stück Eisen ist", er lächelt, „blieben Mac, der Pilot, und ich am Leben."

Als ich auf die Uhr schaue, ist es bereits später Vormittag. Wir haben uns verquatscht.

Ich dränge. *„Come on!* Wir wollen heute noch die Methye Portage schaffen."

Obwohl ich selbst die Route ausgesucht habe, belastet mich das Wissen um die Schlepperei von Boot und Ausrüstung über eine Distanz von 21 Kilometern. Rund 120 Kilo Gewicht haben wir zu bewältigen. In einem Gang würde das nicht zu schaffen sein. Das bedeutet also 21 Kilometer Schlepperei hin zum Clearwater, Ausrüstung deponieren, im „Leerlauf" zurück und dann noch mal los. Mehr als 60 Kilometer Knochenarbeit!

„Ich mache euch einen Vorschlag." Rick, angelehnt an einen Gedenkstein, der hier zu Ehren Peter Ponds errichtet wurde, zeigt auf den Hubschrauber der Company. „Wenn ihr wollt, könnt ihr einen Rundflug mit uns machen. Wir haben auch noch etwas Platz für einen Teil eures Gepäcks. Das können wir am Clearwater River deponieren."

Das muß ihm ein Engel zugeflüstert haben. Ich hätt' ihn küssen können! Im Handumdrehen hieve ich zwei unserer wasserdichten großen Vorratsbeutel in die Maschine. Die Rotoren lassen die kleine Maschine vibrieren. Über Haftungsfragen und was wohl der *Company Manager* über die Spritztour für die beiden *Germans* sagen würde, fällt kein Wort.

Wie eine Libelle hebt der Helikopter ab. Unter uns Wälder, deren unterschiedliche Grünschattierung wie ein feingewobener Teppich wirkt, in allen Nuancen von Grün, soweit das Auge reicht. Vereinzelt kleine tiefblaue Seen.

Ich habe Kanada im Camper erlebt, bin tage- und wochenlang durch von Menschen geschlagene Schneisen gerollt, die den Bau berühmter Nordlandstraßen erst ermöglichten. Doch der Blick aus der Sicht der Wildgänse läßt mich vor Begeisterung auch innere Höhenflüge erleben. Scharf beißt der Fahrtwind durchs geöffnete Fenster ins Gesicht, fährt mir durch die Haare. Mit 180 Stundenkilometern dröhnen wir über den alten Methye Portage Trail. So werden Abenteuer und Lebensinhalte, die noch vor einem Menschenalter den ganzen Kerl erforderten, für den Fluggast im bequemen Sitz mit Panoramablick auf eine entspannende Zigarettenlänge reduziert.

Klar erkennbar liegt die alte Methye Portage unter uns, wie ein dünner Strich zwischen Fichten.

„Das da unten muß der Rendezvous Lake sein... Da ist sogar ein Zelt!" brüllt Juliana mir durchs Gedröhn ins Ohr. Ich suche das Gelände ab. Menschen sind nicht zu entdecken.

Dann sind wir über dem See, an dessen Ufern sich einst die Pelzhandelsbrigaden zum Rendezvous trafen. Da waren die *Nor'wester* aus dem gerade entdeckten Athabasca-Land mit Pelzladungen von solcher Qualität, daß das Land nordwestlich des Lake La Loche als Eldorado des Pelzhandels galt. Und dann kamen Neuankömmlinge aus dem Osten mit Nachschub an Tauschgütern: Messer, Beile, Töpfe, Decken, aber auch Feuerwasser. Es waren wilde Begegnungen am Rendezvous Lake. Die Männer machten die Nacht zum Tag, saßen an den Lagerfeuern mit vom Rum geröteten Gesichtern, tauschten Erfahrungen aus und sangen. So hart sie arbeiteten, so unbändig feierten die Voyageurs.

Der Wind kneift mir ins Gesicht, bringt mich zurück in die Realität. Keine Menschenseele ist unter uns zu entdecken. Um so mehr bin ich neugierig, zu erfahren, wem das Zelt am Ufer des Sees gehört.

Minuten später dröhnt unser Helikopter über das Clearwater-Tal. Der sich unter uns dahinschlängelnde Fluß wird seinem Namen gerecht. Er ist glasklar bis auf den Grund. Von Gelb bis Rotbraun schimmern Felsen und Sandbänke im durchsichtigen Wasser. Greg, unser Pilot, bringt seinen Helikopter sicher am Ufer zur Landung.

„Drück' euch die Daumen, daß es hier keine Bären gibt", meint er, „sonst werdet ihr von den Vorräten nichts mehr vorfinden." Wir verstauen unsere beiden Lebensmittelsäcke am Ende des *portage trails* hinter dichten Sträuchern. Zur Sicherheit beschweren wir sie mit Steinen. Die im Camp zurückgelassenen 30 Kilo Ausrüstung und unser Boot werden wir auf dem Rücken über den Trail schleppen müssen. Plötzlich brenne ich darauf, daß es losgeht.

Auf dem Rückflug zieht Greg eine große Schleife über den Fluß. Was von oben wie weiße Schaumkronen aussieht, sind Stromschnellen, dazwischen Wasserfälle.

Im Asmera Camp Händeschütteln. „Solltet ihr mal wieder vorbeikommen, ein Pott Kaffee steht für euch immer bereit. *Good luck* auf dem Methye Trail."

Juliana hat sich ein Moskitonetz über den Kopf gezogen. Die Biester umschwirren uns wie wild. 20 Kilo Ausrüstung schleppt sie auf dem Rücken. Kleinkram und sperriges Zeug, das nicht mehr in den Helikopter reingepaßt hatte, nimmt sie in die Hände. Ich werde das Kanu tragen: 35 Kilo Gewicht, möglichst optimal ausbalanciert... über 21 Kilometer! Ich fühle mich gut, so gut, daß ich in diesem Moment Bäume ausreißen könnte. Bin gespannt, wie's zwei Stunden später aussieht.

Portagieren wie die Voyageurs: 21 Kilometer schleppe ich das Kanu auf den Schultern über den Methye Trail

Nach Art der Voyageurs habe ich die beiden Paddel in Längsrichtung zwischen Vordersitz und Mittelholm des Bootes befestigt. Der Abstand dazwischen reicht, um meinen Kopf durchzustecken. Das Gewicht des Bootes ruht auf meinen Schultern.

Auf den Spuren der Pelzhändler

Irgendwas raschelt im Gras. Vielleicht eine Maus. Dicht über dem Boden brechen sich Sonnenstrahlen in Tautropfen, die, von feinen Spinnennetzen gehalten, noch den späten Vormittag erlebt haben. Der Himmel ist blau, ohne Dunst, der die Farbe des Himmels in maritimen Gegenden verwässert.

Als ich mich mit dem Boot auf dem Rücken erhebe, bin ich nicht allein. Gut fünfzig Moskitos haben sich im Windschatten des Bootsrumpfes eingefunden. Saugend, piksend, juckend. Vermutlich hat es sich herumgesprochen, daß deutsches Blut auf dem Weg zum Clearwater ist. Mal was anderes als Hausmannskost und buschkanadisches Einerlei. Sie fliegen eine Attacke nach der anderen.

„Take off, you sucker!" Ich habe mir vorgenommen, mich nicht aufzuregen. Dickfellig will ich sein, im wahrsten Sinne des Wortes. Aber schaff das mal, wenn zehn Stechmücken dir gleichzeitig auf der Wange sitzen!

Der Portagen-Pfad ist anfangs noch gut erkennbar. Wie die Voyageurs bewegen wir uns im leichten Laufschritt. Schwere Lasten lassen sich in diesem Bewegungsrhythmus besser tragen. Immer wieder raschelt's in den Bäumen. Braune, pelzige Eichhörnchen, die wir im Mittagsnickerchen gestört haben, giften uns mit hektischem „Tschick! Tschick!" an.

Dreißig Minuten schaffe ich es, das Boot ohne Absetzen zu tragen. Zum Schluß zähle ich die Schritte. Habe ich mein Pensum erreicht, gestatte ich mir, das Kanu abzusetzen. Nur nicht schlappmachen! Nicht schon am Anfang des Trips. Ich bin keiner, der auf Teufel komm raus Durchhalteparolen ausgibt, aber sportlich soll's schon sein. Seit Jahren habe ich Dauerläufe trainiert. Irgendwann hatte ich auch den Jagdschein gemacht. „Für Kanada, wenn du in der Wildnis schießen mußt, um zu überleben." Jetzt haben wir nicht einmal eine Flinte zur Entenjagd dabei. Wir hatten uns die Sache mit dem Gewehr reiflich überlegt. Letztlich ließen wir es zu Hause. Ich jage lieber mit der Kamera. Darüber, ob der Entschluß, keine Waffe mitzuführen, richtig war, würden wir noch Gelegenheit zum Nachdenken haben.

Die Abstände zwischen dem Absetzen des Bootes erscheinen mir immer länger. Meine Fußgelenke schmerzen, von den Schultern ganz zu schweigen. Hatten die alten Voyageurs in solchen Fällen nicht immer ein Lied parat? „Juliana, ein Lied, zwo, drei!" Und so schmettert's durch den kanadischen Busch, gut 10 000 Kilometer von der Heimat entfernt: „Dort drunt im schönen Ungarland." Bei „Wir lagen vor Madagaskar" versacke ich mit meinen Turnschuhen im morastigen Boden. Die restlichen 15 Kilometer bis zum Clearwater River laufe ich barfuß.

Wir rasten im Schatten von Birken, die wie weiße Wattetupfer zwischen den Fichten wirken. Als ich mir das Kanu wieder auf den Rücken stemme, habe ich das Gefühl, eine Zentnerlast zu schleppen. Beiß die Zähne zusammen, *old fellow!*

Nach dem Rendezvous Lake wird der Trail eng und unübersichtlich. Baumstämme liegen quer. Ich versuche Lücken im Gehölz für das fünf Meter lange Kanu zu finden, verheddere mich aber oft in den Ästen. Ein paarmal muß ich mir mit der Machete eine Bresche schlagen. So vergehen die Stunden.

Plötzlich, vielleicht zwanzig Meter vor uns, ein dunkler Schatten hinter den Zweigen. Ein Bär? Das sind Momente, da jagen dir die Gedanken durch den Kopf. Warum hast du die Knarre nicht doch mitgenommen? Der „Bär" bückt sich, brummt etwas vor sich hin, das nach „Hudson's Bay Company" klingt. Ich atme tief durch. Ein Mann fummelt mit einem Metallsuchgerät am Boden herum. Er ist ebenso verblüfft wie wir.

„Stan aus Süd-Alberta", stellt er sich vor. Er sei auf der Suche nach Hinterlassenschaften der Pelzhändler.

Die restlichen der kleinen Gruppe, die sich mit einem Wasserflugzeug zum Rendezvous Lake hatten einfliegen lassen, sehen uns zunächst entgeistert an. Ich lege das Boot ab, wische mir den Schweiß aus dem Gesicht, reibe dabei einige Moskitos zu Brei, was bei den anderen Lachsalven hervorruft.

Leslie Sherwood, der Kopf des Quartetts, stammt aus Islay im Süden. Als er hört, daß wir Boot und Ausrüstung den ganzen Trail entlang schleppen und dann bis zum Eismeer paddeln wollen, ist er begeistert. „Nach dem Kanutrip müßt ihr *guys* unbedingt bei mir vorbeikommen. Ein Bett und ein warmes Essen habe ich für euch immer bereit."

Wie wir marschieren die vier zielstrebig den Fährten der Pelzhändler entlang. Ihr Camp haben sie am Rendezvous Lake, dort, wo wir das Zelt vom Helikopter aus gesehen haben. Eine Woche lang suchen sie die Methye Portage Meter für Meter mit Suchgeräten ab, bei denen ein Piepton den Metallfund signalisiert. Stan greift in einen Lederbeutel und drückt mir Bleikugeln von alten Musketen in die Hand. Ob die wohl jemals abgefeuert wurden? Und wenn ja, auf wen?

Als Leslie einen länglichen Gegenstand aus der Hosentasche zieht, funkeln seine Augen. Zwischen dem Dreck von Jahrhunderten und eingefressenem Rost lese ich im Griff des Dolches: *Her Majesty's Company of Adventurers*, die Abenteurer Ihrer Majestät. Ein echtes Stück der Hudson's Bay Company!

„Die Funde sind für unser kleines Regionalmuseum in Dewberry bestimmt", erklärt er. Hunderte kleiner und großer Teile haben die vier Schatzsucher so schon zusammengetragen.

Nicht nur hier, auch zu Hause betätigen sie sich als Freizeithistoriker. „Wenn du als Getreidefarmer täglich mit dem Traktor deine Furchen ziehst, schaust du auf den Boden. Zwangsläufig. Und da liegen die Schätze. Du brauchst dich nur zu bücken. Steinäxte von Indianern, Pfeilspitzen, manche tausend Jahre alt. Gelegentlich auch das Horn eines Bisons, der schon vor über hundert Jahren starb."

Leslie schwärmt von seinem Land im Süden: „Wo heute Weizenfelder sind, so groß, daß du halb Europa von Hamburg bis Sizilien reinpacken könntest, waren zur Zeit meines Urgroßvaters

Prärien mit Millionen wilder Bisons und jagender Indianer. Dann eines Tages kamen die Eisenbahnen, Siedler und Männer wie Buffalo Bill, die mit ihren schnellfeuernden Büchsen die Bisons abknallten und das Land veränderten." Leslie sieht ernst vor sich ins Gras. „Für alle Zeiten... *Anyhow,* wo die Wigwams der Cree- oder Schwarzfußindianer standen, sind jetzt meine Fundstätten."

Ich bin begeistert. Wir versprechen ihm, auf dem Rückweg, irgendwann im Herbst, bei ihm vorbeizuschauen.

„Eine gute Zeit, denn dann sind die Felder abgeerntet, und der Wind trägt die trockene Ackerkrume als schwarzen Staub über die Prärien. Pfeilspitzen, Dolche und Keile werden dabei freigelegt, so daß du dich nur zu bücken brauchst. *You are welcome.*"

Der Himmel bewölkt sich. Wir müssen uns beeilen, wenn wir unser verstecktes Gepäck am Ufer des Flusses vor dem Regen erreichen wollen. Ich wär' gern noch bei den Schatzsuchern geblieben.

Juliana drängt zum Aufbruch. „Denk an unsere Lebensmittel am Clearwater!"

Händeschütteln. „Bis zum Herbst dann..."

Ein schwarzweißer, zottiger Hund aus dem Geologencamp, der uns schon am Beginn aufgefallen war, läuft noch immer hinter uns her. Rasten wir, hält auch er an. „Meine Fußsohlen brennen wie Feuer, von den Schultern ganz zu schweigen", werde ich abends im Tagebuch notieren.

Am späten Nachmittag erreichen wir die Stelle, die auf meiner topographischen Karte als „Mackenzie's Viewpoint" eingezeichnet ist. Mein Blick streicht über das Athabasca-Land zu meinen Füßen. Was Peter Pond 1778 bei diesem Blick empfand, ist nicht überliefert. Ob er seine Eindrücke jemals in Tagebücher notiert hat, ist zweifelhaft. Er war nicht der Typ, der momentane Empfindungen konservierte. Stimmungsmalereien sollten späteren Abenteurern vorbehalten bleiben, Pelzhändlern, Soldaten und uns...

Die Sonne steht hoch über dem Land, als wir den Aussichtspunkt erreichen. Von hier bis zum Nordpol gibt's in direkter Linie keine Siedlung mehr, keine Industrieanlage, die schmutzige Wol-

Der erste Fluß auf dem Weg zum Eismeer: Clearwater River

ken in den Himmel bläst, keine Fabrik, aus der heimlich giftige Abwasser in die Natur kriechen. Ich atme tief durch. Nur der Clearwater River schlängelt sich durch die Unendlichkeit vor uns, hier und da mit weißen Tupfern im Blau des Wassers. Stromschnellen. Selten habe ich in meinem Leben ein harmonischeres Bild gesehen. Vielleicht ist es auch nur die Aussicht auf das Ende der Schinderei über den Methye Trail, die meine Empfindungen in diesem Moment euphorischer werden läßt, als es die Realität gebietet.

Am Abend des 4. Juni gegen 19 Uhr erreichen wir das Ufer des Clearwater River. Beide sind wir wie gerädert. Wir beschließen, auf einer großen Grasfläche die Nacht zu verbringen. Auf der gegenüberliegenden Seite des Flußtales entdecke ich über den Baumkronen einen Feuerwachturm. „Ob da wohl noch jemand wohnt?" Juliana sieht mehr zu mir als zum Turm. Es blitzt in ihren Augen. „Das wär' wohl was für dich?"

Warum nicht? Mit einer großen Kiste voller Bücher, mit all den Schallplatten, die ich immer schon mal hören wollte, aber doch nie die Zeit fand. Noch vor wenigen Jahren waren diese Beobachtungsposten Jobs für Einsiedler, Aussteiger für einen Sommer oder zwei. Seitdem die Feuerüberwachung effizienter per Flugzeug geschieht, sind auch solche Schneckenhäuser in der Einsamkeit größtenteils leer geworden. Einen Sommer hätte ich darin zubringen mögen. Juliana kennt diesen Traum von mir. Einsamkeit belastet mich nicht, vorausgesetzt, ich erlebe sie in der Zweisamkeit mit ihr.

Siebzig bis achtzig Tage haben wir für diese Kanutour zur Beaufort-See angesetzt. Ich schaue rüber zu Juliana. Ich kenne jede Falte in ihrem Gesicht. Wir sind uns vertraut, von Hunderten gemeinsamer Abenteuer. Ich mag es, wenn sie gleich dem *loon* ein vibrierendes Lachen über den See schickt. Und die Vögel antworten. Das sind unsere Stunden in der Wildnis. Eins zu sein mit der Natur. Aber achtzig Tage in der Wildnis zu zweit heißt auch, sich gegenseitig ausgeliefert zu sein... Und wenn der Haussegen mal schiefhängt? Zu Hause kannst du ausweichen, in die Kneipe an der Ecke oder in den Verein gehen, zur Not die Tür zuschlagen. Versuch das mal im kleinen Kanu! Daß wir die Probleme des Kanu-Alltags gemeinsam werden meistern müssen, ist uns klar.

Durch den Rauch des Lagerfeuers sieht Juliana zu mir rüber. Sie lächelt. Wir sind zuversichtlich. Auch diesmal. Das Lagerfeuer knistert. Es ist kalt geworden. Kein Wind bewegt sich. Die Rauchsäule des Feuers steigt steil in den Himmel. Flügelschlagend und laut schnatternd läuft eine Ente über das Wasser des Flusses. Scharf zerstört das Platschen die fast unheimliche Stille. Dann wird es Nacht im Athabasca-Land.

Ein innerer Wecker treibt mich morgens um sieben aus dem Schlafsack, vielleicht war's auch nur das Knurren meines Magens.

Nach der Knochenarbeit vom Vortag habe ich einen Mordshunger.

Langsam nur tastet sich die Morgensonne durch die Zweige der Bäume. Ich hocke vor dem Zelt wie ein Bär nach dem Winterschlaf, genüßlich jeden warmen Strahl aufsaugend. Morgenstunde ist nicht gerade meine große Zeit. Aktivitäten überlaß ich dann gern anderen. Dafür bin ich abends nicht ins Zelt zu kriegen, behauptet Juliana. Sie hantiert bereits mit Töpfen und Pfannen am Rand des Clearwater River, der seinem Namen alle Ehre macht.

„Zu Hause haben wir schon verlernt, wie glasklar Flußwasser sein kann." Sie füllt den Kaffeetopf bis zum Rand mit *clear water*.

Gut hundert Kilometer von hier entsteht der Fluß. Nicht als Quelle, sondern als Ausfluß mehrerer Seen Nord-Saskatchewans. Ortschaften dazwischen gibt's nicht. Allenfalls eine Handvoll Zelte: *fishing camps* einiger Indianer, die wie ihre Vorfahren als Flußfischer in die sommerlichen Fanggründe ziehen.

Auf der Suche nach Feuerholz stoße ich plötzlich auf den zottigen Hund aus dem Geologencamp. Er wedelt nur kurz mit dem Schwanz, so vertraut, als hätten wir schon gemeinsam am Knochen genagt, und vergräbt schnaufend seine Riesenschnauze zwischen den Pfoten.

Momente später prasselt am Ufer ein Feuer aus Fichtenzweigen. Würziger Duft frischen Holzes liegt in der Luft, vermischt sich mit dem Aroma unseres Kaffees. Langsam werde ich munter.

Nach einer Pfanne voll *bacon and eggs* machen wir uns ans Packen. Jeder einzelne Knochen meines Rückens brennt heute wie Feuer. Meine Schultern, auf denen ich das Kanu geschleppt habe, sind rot. Vielleicht war's verrückt gewesen, mit dem schwersten Stück Arbeit zu beginnen, so als würde man aus der Behaglichkeit eines Sessels zum Langstreckenlauf durchstarten. Zeit zum Training hatten wir kaum gehabt. Wir hätten natürlich den Trip auch weiter nördlich beginnen können, andererseits war der alte Methye Trail eine Herausforderung für mich gewesen. Etwas, das man mal gemacht haben muß, wenn man zünftig in die Fußstapfen der Voyageurs treten will. Da der härteste Teil der ersten Etappe hinter uns liegt, nehmen wir uns vor, heute kürzerzutreten.

Das Bett des Clearwater River ist schmal, doch immer wieder gibt der Flußlauf den Blick auf das weite Hinterland frei. Unser Kanu liegt schwer im Wasser. Wir haben ein selbstgefertigtes Spritzdeck über das Boot gespannt. In puncto Stromschnellen ist der Clearwater freigebig.

Lange noch folgt uns der vierbeinige „Geologe" am Ufer. Irgendwann stoppt ihn ein Creek. Mit hängender Zunge sieht er hinter uns her. Ich winke mit dem Paddel. Er wackelt mit dem Kopf, dann ist er verschwunden.

Nicht weit von uns planscht eine Entenmutter mit ihren Jungen. Leise tauchen wir die Paddel ins Wasser. Als die Ente uns sieht, kommt sie dicht ans Boot, simuliert schnatternd die Flügellahme, während die Küken zum sicheren Ufer hin abdrehen. Zwei Kanadagänse treten aus dem Schilf, blicken in die Runde, erheben sich flügelklatschend unter Trompetengeschmetter und verschwinden über dem Fluß. Noch lange liegt ihr markanter Ruf über dem Land. Eine Bisamratte spielt am Ufer, ein Otter kreuzt unseren Weg.

Wir haben die Paddel eingezogen und gleiten lautlos durchs Wasser. Ich habe die Bilder gefunden, die ich gesucht hatte. Aber die Natur offenbart sie nur dem, der ganz behutsam in sie eintaucht.

Eine scharfe Kurve und ein plötzliches Dröhnen erinnern mich daran, daß die Wildnis kein Platz für Träumer ist: Wasserfälle.

„Schnell rechts ran!" Eilig paddeln wir zum Ufer. Hat einen der Sog der Fälle erst erfaßt, kann's zu spät sein. Ich vermute, daß wir dort sind, wo auf meiner Karte die „Whitemud Falls" eingezeichnet sind.

Über einen schmalen Trail klettere ich auf ein kleines Plateau oberhalb des Flusses. Wassernebel liegt in der Luft. Der kalte, eben noch so friedliche Clearwater scheint plötzlich zu kochen. Ein großartiges Schauspiel.

Das Befahren der von vierzig Meter hohen Kalksteinfelsen gesäumten Fälle wäre mit einem beladenen Kanu ein Selbstmordkommando. Die Voyageurs haben sich das gleiche gesagt. Ein ausgetretener Trail verläuft parallel zu den Whitemud Falls. Nach der gestrigen Plackerei über den Methye Trail gehen wir lustlos an die Portage: Boot ausladen, Bündel schnüren, schultern – und dann los. Nach einigen hundert Metern stoßen wir auf einen verlassenen Zeltplatz.

„Da haben Bären schon vor uns Picknick gemacht." Ich untersuche die beiden verbeulten Mülleimer, die dort herumliegen. „Sieht aus, als hätten sie aus Wut darüber, nichts zum Futtern zu finden, mit den Dingern Pingpong gespielt."

Neben steinernen Feuerstellen stehen vereinzelt Holztische. Der Platz sieht recht freundlich aus. Ich sehe auf die Uhr. „Schon kurz nach sechzehn Uhr. Was hältst du davon, die Nacht hier zu bleiben?"

Kein Einspruch.

Ich stelle den schweren Lebensmittelsack ins Gras und lege mich daneben. Das Donnern der Whitemud Falls wirkt einschläfernd. Wie ferne Brandung. Man könnte meinen, auf einem riesigen Meer zu sein . . ., nur daß es hier ein endloser Pazifik aus grünen Baumwipfeln ist.

Trotzdem bin ich scharf darauf, das Camp zu untersuchen. Unsere beiden Lebensmittelsäcke verstaue ich – zweckentfremdend, aber bärensicher – in einem winzigen Toilettenhäuschen. Meine Neugier, wer diesen Aufwand für gelegentlich hier durchkommende Camper betrieben hat, wird erst Tage später in Fort McMurray befriedigt werden: Die staatliche Forstverwaltung war's, aus der Erkenntnis heraus, daß der, der ein Camp vorfindet, nicht den Wald abholzt. Und sichere Feuerstellen verringern die Gefahr von Buschbränden.

Beim Stöbern durch den Busch stoßen wir auf morsche Baumstämme.

„Die liegen noch nicht lange so." Ich betaste die moosfreie Oberseite.

„Sieh mal, frische Bärenspuren! Vermutlich hat ein Schwarzbär hier gefrühstückt und den Stamm dabei zur Seite gerollt, um Käfer und Ameisen freizulegen."

Der Appetit eines Bären ist phänomenal. So manchen Schwarzbären hatte ich schon im Freßrausch beobachtet: wie er den Rest der Welt um sich herum vergißt, nur Augen fürs Futter hat, wie er die mächtige Tatze um Beerensträucher legt und ganze Zweige durchs Maul zieht wie unsereiner das Eis am Stiel.

„Laß uns die Augen offenhalten." Mir kommt's vor, als würde Juliana dichter an mich heranrücken.

Zu Beginn des Trips rechne ich kaum mit Bären. Die Nähe von Fort McMurray, gelegentliche Flugzeuge, Motorboote und die Gewehre der Jäger haben sie tiefer in den Busch getrieben. Im Norden werden wir jedoch wachsam sein müssen.

Die Nacht über stürmt es. Regen prasselt heftig aufs Zelt. Zum Glück nur kurz. Am Morgen scheint die Sonne, und die Welt ist wieder in Ordnung. Bis auf den Wind, der die Fichten noch immer beutelt.

Wir sind früh auf den Beinen. Der Tag wird im Zeichen mehrerer Stromschnellen stehen. Einige wollen wir befahren.

Der Portagenpfad vorbei an den Whitemud Falls schlängelt sich über Wiesen mit Hunderten blühender Prärielilien wie durch einen üppigen Garten. Es ist selten, daß sich Menschen dieser Pracht erfreuen. Insekten tanzen über Blüten, kriechen in ihre Kelche, Vögel lärmen. Die Sonne klettert höher. Kurz drauf ist's *high noon* in Saskatchewan. Noch am selben Tag verlassen wir die imaginäre Grenze dieser Prärieprovinz und erreichen das ölreiche Alberta.

Die ersten Stromschnellen befahren wir ohne Probleme, obwohl ich nicht zu den Experten für Wildwasser zähle. Eher zu den Kanuwanderern, die sich in Muße daran erfreuen, wenn das Land wie ein Breitwandfilm in satten Farben gemächlich an ihnen vorbeizieht. Stromschnellen beschleunigen meinen Puls: so bei den Pine Rapids.

Diese Stromschnellen gelten als das Trickreichste, was der Clearwater River auf der Seite Albertas dem Kanuten zu bieten hat. Dreißig Meter hoch aufragende bräunliche Felsen engen den Fluß ein, der mit wütendem Gebrüll über die ihm so genommene Freiheit zweieinhalb Kilometer gurgelnd dahinschießt.

Ich klettere auf eine Erhöhung, um so weit wie möglich die

Stromschnellen einzusehen. Meine Erkenntnis daraus: portagieren – einen Kilometer pro Weg! Wieder packen wir uns mit all dem Kleinkram voll, von dem wir noch vor wenigen Tagen meinten, daß er in der Wildnis unerläßlich sei. Jetzt fällt mir ein, was alles im Auto hätte bleiben können.

„Verdammte Moskitos!" Die Biester sind heute wie irre. Ich wickle mir zum Schutz Bindfäden um Hemdsärmel und Hosenbeine. Trotzdem finden sie zielstrebig ihren Weg unter die Kleidung und durch die Haut.

Der seit 1778 begangene schmale Pfad ist malerisch: Er schlängelt sich durch Canyons hindurch, vorbei an gelbbraunen Felssäulen mit tiefen Höhlen. Wie für den Winterschlaf von Bären maßgeschneidert, geht's mir durch den Kopf. Um möglicherweise anwesende Bären nicht beim Nickerchen zu überraschen, stimmen wir ein Lied an.

Zu den Moskitos haben sich jetzt *blackflies* gesellt, winzige Beißer, die man erst bei genauem Hinsehen entdeckt. Durch Blutgier gleichen sie aus, was ihnen die Natur an Größe versagt hat.

Beim zweiten Gang über die Pine Portage schultere ich das Kanu. Vorsichtshalber stülpe ich mir ein Moskitonetz über meinen breitkrempigen Hut. Was haben bloß die Voyageurs gegen Moskitos gemacht? Peter Pond, dem Pelzhändler der ersten Stunde am Clearwater River, wird der Ausspruch nachgesagt: „Kaum im Camp am Fluß angekommen, krochen wir in die Zelte, banden sie zu und verbrannten drinnen Schwarzpulver. So jagten wir die verdammten Moskitos zurück in die Ritzen des Bodens."

Hier zu leben war nicht immer nur Honigschlecken. Die Abenteurer der Flüsse, getrieben von der Neugier nach dem Neuen hinter der nächsten Flußbiegung, liebten ihr Land. So kamen sie wieder, Sommer für Sommer. Sie taten's, um Geld zu verdienen. Aber es war kein Job, bei dem man reich werden konnte. Verwitterte Grabkreuze an den Hauptrouten – oft an Stromschnellen – erinnern daran, daß es eher eine Leidenschaft auf Leben und Tod gewesen sein muß, mit einem größeren Anreiz als dem dürftigen Lohn eines Kanumannes.

Ich spüre das mit der Gewißheit eines Vertrauten, wenn ich im Kielwasser der Voyageurs paddle. Mag sein, daß ich als Träumer in die für Exoten reservierte Ecke gestellt werde, wenn ich dabei ein wenig ins Schwärmen gerate: von diesem einmaligen, schwerelosen Gefühl des Gleitens unter tiefblauem Himmel, von der Stille über den Flüssen... Aber all das sind nur Einzelbilder. Vermutlich ist es die bunte Mischung jener nach Art von Momentaufnahmen eingefangenen Eindrücke, Gefühle, Bilder, Stimmungen, Höhenflüge und Tiefpunkte, die, wie vor zweihundert Jahren, das Innerste eines Kanuten anritzt.

Vielleicht war es das auch, was die Voyageurs zu Andachten bewog, wie sie der Nordlandreisende Daniel Harmon im Mai des Jahres 1800 beschreibt: „Die Voyageurs ziehen, wenn sie einen Fluß verlassen und zum nächsten überwechseln, ihre Hüte und machen das Zeichen des Kreuzes. Woraufhin in jedem Kanu oder zumindest in jeder Kanu-Brigade ein kurzes Gebet gesprochen wird."

Das Leben der alten Voyageurs war hart. Zwölf bis sechzehn Stunden paddelten sie, nur unterbrochen von kurzen Pausen, in denen sie ein Pfeifchen rauchten und die sie daher *pipes* nannten. Errichteten sie nachts ihr Camp, waren sie todmüde und oft zu hungrig, um abzuwarten, bis das Essen in ihren Tellern abkühlte. Sie schütteten den Inhalt des Kochtopfes über die Ufersteine, warfen sich auf den Boden und leckten ihn auf.

Trotzdem liest sich der Rückblick eines alten Voyageurs am Ende eines erfüllten Lebens fast wie eine Liebeserklärung an die Freiheit des Nordens: „Vierundzwanzig Jahre hab' ich als Kanumann gepaddelt; keine Portage war mir zu lang. Fünfzig Lieder hab' ich singen können. Zehn Voyageurs rettete ich das Leben. Zwölf Frauen hab' ich gehabt und sechs Jagdhunde. Mein Geld war da fürs Vergnügen. Heute bin ich ein alter Mann, untauglich für die Arbeit. Aber ich bereue keine Stunde meines Lebens. Es gibt nichts, was dem Leben eines Voyageurs gleicht."

Der Wind weht mit unverminderter Heftigkeit über das Athabasca-Land. Nach rund vier Kilometern Schlepperei über die Pine

Portage bin ich ins Schwitzen gekommen. Eine gefährliche Sache: vorn brennt die Sonne, über den verschwitzten Rücken im Schatten aber weht ein kalter Wind.

Die nächsten zwei Stromschnellen befahren wir ohne Probleme. Bei den Le Bon Rapids müssen wir wieder umtragen. Zwei Kilometer lang ist der Trail. Sechs Kilometer Fußmarsch macht das für jeden. Der gleiche Job wie immer: auspacken, aufladen, beladen hin und leer zurück. Noch mal aufladen und noch mal durch den Busch. Mir läuft der Schweiß. Und doch wird's zum Schluß Routine, Voyageurs-Alltag. So, als wenn man zu Hause am Schreibtisch sitzt... Na ja, fast so.

Meine Sinne sind geschärfter als zuvor. Ich sehe sichernd in die Runde, halte nach Bären Ausschau. Auf dem Boden entdecke ich frische Elchfährten, kurz drauf weiche Bärenlosung. Ein Schwarzer scheint das gleiche Ziel zu haben wie wir. Beim Rest der Portage singen wir wie die Weltmeister. Indianer hatten uns auf den Weg gegeben: „Trällert euch einen, wenn Bären in der Nähe sind. Besser, der Bär hört euch, und ihr gebt ihm Zeit zu flüchten, als daß ihr ihn überrascht – und er angreift!"

Ich habe mir die Situation des öfteren ausgemalt, wie das wohl ist, wenn wir doch mal in einen reinlaufen? Hoffentlich wird mir dann genug Puste zum Singen bleiben. Der Song steht schon fest. Leise und beruhigend: „Kein schöner Land in dieser Zeit..." Hoffentlich weiß der Bär das zu würdigen.

Nach dreizehn Stunden Schleppen und Paddeln schlagen wir spätabends unser Nachtlager auf. Ich baue das Zelt. Juliana kocht. Statt eines Fisches als Beilage melde ich nach glücklosen Angelversuchen zwei abgerissene Haken.

„Kein Meister ist vom Himmel gefallen, und außerdem hast du noch gut dreitausend Kilometer Gelegenheit zum Üben." Juliana meint das tröstlich.

Es ist kurz vor Mitternacht, und noch immer ist es hell. Aus dem diffusen Licht über dem Clearwater River schälen sich die Konturen eines Kanus. Ich winke. Ein Mädchen und ein junger Bursche legen bei uns an.

„Hi, folks, how are you doing?"

Die beiden aus dem Süden hatten sich mit einem Wasserflugzeug zu den Whitemud-Fällen einfliegen lassen. Nee, vom Kanufahren haben sie beide keine besondere Ahnung. Er ist Farmer unten in Alberta.

„Die verdammten Stromschnellen haben wir alle befahren. Bloß so naß hätt's nicht zu sein brauchen." Mit diesen Worten öffnet Garry, die kraushaarige Frohnatur, das Spritzdeck. Gut zehn Zentimeter hoch steht das Wasser im Kanu. Zwischen Füßen, Kochpötten und Socken treiben einträchtig nebeneinander Zahnbürste und Klopapier.

Lebenslinie in der Wildnis – Clearwater River

Fast gradlinig zieht sich der Fluß nach Westen. Wir machen gute Geschwindigkeiten. Das Paddeln ist Teil unseres gewohnten Bewegungsablaufs geworden: ins Wasser stechen, durchziehen, das Blatt hochziehen... Nur noch wenige Tage trennen uns vom Athabasca River. Man merkt an Kleinigkeiten, daß wir in die Nähe des Forts McMurray kommen, der größten Ortschaft weit und breit.

„Die Nähe der Zivilisation ist zwar unüberhörbar, trotzdem könnte ich mir vorstellen, in dem Blockhaus dahinten zu leben." Das Kreischen einer Motorsäge dringt durch den Wald. Genau aus der Richtung, in der ich eine aus frisch geschälten Baumstämmen errichtete ansehnliche Blockhütte entdecke. „Wenn ich hier lebte, würde ich mir bestimmt auch eine *cabin* bauen."

„Und damit Lärm und Gestank in die Natur tragen!" Juliana sieht über die Schulter zu mir. Ich massiere meine Handflächen, auf denen sich die ersten Ansätze von Hornhaut abzeichnen.

Während unserer Reisen um den Globus hatte es gelegentlich Momente gegeben, in denen wir uneins darüber waren, wie weit der Mensch, ohne tiefe Furchen zu hinterlassen, vordringen dürfe in die letzten Paradiese dieser Erde. Wo immer diese auch seien.

Fast leidenschaftlich war die Diskussion zwischen uns gewor-

36

den, als wir vor Jahren auf einer zauberhaften philippinischen Insel zu den ersten wenigen Fremden gehörten, die dieses Idyll besuchten. Einheimische hatten uns Land versprochen. Wir sollten nur die Dollars investieren, die Touristen kämen schon von selbst. Wir träumten vom Erhalt des Paradieses und investierten nicht. Später taten es andere. Mit Erfolg. „Meine" Insel wurde umgekrempelt und veränderte ihr Gesicht.

„Hey, du träumst."

Ich tauche aus meinen Gedanken auf. „Ich denke, daß ich doch gern in einer Blockhütte hier leben würde."

Die Strömung auf dem Fluß ist schwächer geworden. Wir kommen langsam voran. Zur Rechten, zwischen kleinen Bächen, entdecken wir Schwefelquellen. Ein unangenehm fauliger Geruch liegt in der Luft.

Immer mehr Trapperhütten sind am Ufer zu sehen, die meisten von ihnen verlassen. Nicht Romantik hat Trapper bewogen, hier zu bauen, sondern die Notwendigkeit eines Unterschlupfes bei klirrender Kälte. Seitdem Schneemobile die Schneeschuhe weitgehend abgelöst haben, sind viele Schutzhütten aufgegeben worden. Manche verfallen. In anderen nisten sich Aussteiger ein.

Eine der *cabins* hier ist die von Edward Engstrom, einem Siedler-Pionier. Edward lebte vom Bootsbau, die Qualität seiner Kähne war weithin bekannt. Universitäten hatte er nie von innen gesehen. Seine Boote konstruierte er im Kopf. Engstrom soll ein paar hundert Meter unterhalb seiner *cabin* gestorben sein. Wie er sich's gewünscht hatte, einsam und allein. Man fand ihn später, auf dem Fluß treibend, in einem seiner Boote.

„Mein erster Hecht zappelt am Haken. Ich säubere ihn am Fluß und werde fast wahnsinnig wegen Hunderter winziger beißender Sandfliegen – witzigerweise nennen Kanadier sie *no-seeums*." Das ist der genaue Wortlaut meines Tagebucheintrags an diesem Abend. Ich flüchte in den Rauch des Lagerfeuers – und die Biester mit mir. Den einen oder anderen Sauger zerquetsche ich beim Umschlagen der Tagebuchseiten. Ich hab' keinen bedauert.

Juliana müht sich ab, einen Riß in meinen Jeans zu flicken. Lie-

*Das Abendessen ist gesichert – zwei stattliche „northern pikes"
(Hechte)*

ber schleppe ich einen Zentner Steine, um ein anständiges Lagerfeuer zu bauen, als die Nadel zu schwingen. Es ist gut, daß wir uns da ergänzen.

„Was machen wir nun mit dem Hecht?" Ich klappe mein Tagebuch zu.

Der Bursche wiegt gute vier Pfund. Kein sensationelles Gewicht in Kanada, aber ausreichend, um uns morgen zum Lunch die Bäuche zu füllen.

„Silberfolie zum Backen findest du im kleinen Vorratsbeutel. Geräucherter Stockfisch wäre mir aber lieber."

„Sieh nicht so hungrig rüber – zum Abendbrot hatten wir schon Erbsensuppe. Der Hecht ist für morgen reserviert." Sicher bin ich mir bei diesen Worten allerdings nicht. „Eigentlich merkwürdig, daß Kanadier vom Hecht nicht viel halten."

„Die sind eben verwöhnt von Lachs und ihren vielen Forellen." Wir beide wissen dem *northern pike*, manche nennen ihn auch *jack fish*, gute Seiten abzugewinnen, besonders geräuchert oder in Folie gebacken.

Mit meinem Dolch hacke ich frische Zweige, um eine Räuchervorrichtung zu bauen. Je einen Stock stecke ich, mit der offenen Zweiggabel nach oben, links und rechts der Glut in den kiesigen Untergrund, was nicht leicht ist. Als ich einen Stein zum Hammer umfunktioniere, wird dabei mein Daumen blutig.

„Warte, ich helf' dir", bietet mir Juliana an, die meine Versuche, den glitschigen Fisch mit einem dünnen Draht am Stock festzuwickeln, beobachtet hat. Es geht auf Mitternacht zu. Fisch über offenem Feuer zu räuchern ist zeitaufwendig.

Trotz später Stunde ist es noch so hell, daß wir ohne Beleuchtung auskommen. Unsere Petroleumlampe werden wir wohl unausgepackt wieder zurücknehmen. Je näher wir dem Polarkreis kommen, um so heller werden die Nächte.

Mitternacht in Alberta, das ist früher Vormittag in Deutschland. „Zu Hause gehen sie jetzt zur Arbeit."

Etwa um die Zeit, in der in Deutschland die Mittagspausen beginnen, ist unser Hecht auch endlich gar. Das Fleisch ist fest und trocken. Ich hatte immer frisches Laub und feuchtes Holz auf die

Glut gelegt, um Rauch zu erzeugen, gleichzeitg aber vermieden, den Fisch durch zu große Hitze auszutrocknen.

Dann sitzen wir da und kauen genüßlich mit vollem Mund. Ganz still ist es. Die Moskitos sind verstummt. Keine Ente schnattert mehr. Zufrieden rollen wir uns ins Zelt. Die erste rötliche Verfärbung über den Baumspitzen zeigt, daß die Nacht bald zu Ende geht.

Das einzige, was mich später am Morgen stört, ist das lautstarke Gnatzen eines Holzwurms in einem toten Baumstamm neben uns. Und die Sonne, die morgens nicht schon so heiß zu brennen brauchte. Ich taste mich aus unserem winzigen Zelt heraus. Trotz der knappen Mütze voll Schlaf bin ich fit. Kein Lüftchen geht. Überall trillert es, in den Sträuchern neben uns und – wie ein Echo – vom anderen Ufer.

Der Clearwater River ist breiter geworden, aber auch träger. An manchen Stellen schimmern Sandbänke durchs seichte Wasser. Gegen Mittag höre ich das Dröhnen eines schweren Motorbootes. Einen Moment später schiebt sich ein 60-PS-Outborder an uns ran.

„Hi, folks." Der ältere der beiden Insassen tippt an seine Kappe. „Ich vermute, ihr seid die beiden Deutschen auf dem Weg zum Eismeer." Er grinst dabei.

Da ist man gut 10 000 Kilometer weg von Muttern, genau da, wo einen wirklich keiner kennt . . ., und dann so was!

„Darf ich mich vorstellen? Ich bin Peter Forster. Das ist mein Sohn. Ich bin Sergeant bei der Polizei in Fort McMurray. Habe ein Telex gekriegt, mit dem ihr von La Loche aus angekündigt wurdet. By the way, habt ihr Hunger?"

Eine gute Frage an einen Kanuten! So schnell beantwortet wie gestellt.

„Paßt auf, folks, ein paar Meilen unterhalb seht ihr am linken Ufer eine gerodete Fläche. Da treffen wir uns. Wenn ihr einlauft, sollte der Lunch schon fertig sein." Unsere Nußschale torkelt von einer auf die andere Seite, als der PS-Riese mit nach oben gerichtetem Bug wie ein Pfeil über den Clearwater davonschießt.

Einladung zu Schinken und Eiern am Clearwater River

Als wir bei Peter und Sohn ankommen, brennt bereits ein Lagerfeuer am Ufer. Ich vertäue unser Kanu an einer freiliegenden Baumwurzel. Peter drückt jedem von uns ein Bier in die Hand, das erste seit langem. *„Welcome!"*

Eine Sekunde lang betrachte ich das Drittel Gerstensaft fast liebevoll. Merkwürdig, welche Bedeutung sonst alltägliche Dinge erhalten, wenn man sie längere Zeit entbehrt.

„Habt ihr schon mal so was gesehen?" Der Sergeant kommt vom Motorboot und schwenkt eine riesige Bratpfanne. „Mein Urgroßvater hat mit dem Ding Gold am Klondike gewaschen." Peter grinst. „Hat zumindest Grandma gesagt."

Mit trockenem Gras wischt er die Pfanne aus und packt ein Pfund geschnittenen Schinken hinein. Mir gehen die Augen über – unsere Ration für eine Woche...! Als der Schinken braun ist, folgen zwölf Eier. Dazu gibt's Toast. Ich lege mich ins Gras, strahle übers ganze Gesicht und bin mit Gott und der Welt zufrieden.

„Morgen erreicht ihr Fort McMurray. Wir werden uns auf der RCMP sehen, wenn ihr euch registriert." Dann schwärmt Peter Forster von Fort McMurray, dem Ort, an dem Clearwater und Athabasca River aufeinandertreffen. „So modern und neu wie die Städte unten im Süden."

Bin gespannt. Die Zivilisation hatten wir ja eigentlich hinter uns lassen wollen.

Satt und faul steigen wir ins Boot. Die Forsters winken. „Bis morgen dann." Wir dümpeln noch ein wenig in ihrer Kielwelle, dann greife ich nach dem Paddel.

Sechzehn Uhr. Es ist warm, eine bleierne Stimmung liegt über dem Clearwater River. Der Himmel ist dunstiggrau. Richtige Lust zum kräftigen Paddeln will nicht mehr aufkommen. Das erste Bier der Forsters hatte noch Gesellschaft gekriegt. Ein weiteres hatten die beiden uns vorm Ablegen als Wegzehrung – *for the road* – ins Kanu geschoben.

Ich werde erst munter, als vom linken Ufer jemand zu uns rüberwinkt. Auf dem morschen Steg unterhalb eines grauen alten Blockhauses steht eine ältere Indianerin. Ihr von Wind und Wetter gezeichnetes Gesicht ist faltig. Ein jüngerer Bursche, den markanten Zügen nach ihr Sohn, taucht wie aus dem Erdboden hinter ihr auf.

Wo wir herkommen, möchte die Alte wissen. „Germany?" Davon hatte sie auch schon mal gehört... Nach kurzer Überlegung: „Ist das etwa östlich von Ottawa?" Die Richtung stimmt jedenfalls.

Ich wechsle das Thema. Ob das ihr *weekend house* sei?

Die Alte lacht. Sie zeigt dabei schwarze Zahnstummel. „Wochenendhaus?" Sie kichert. Seit vierzig Jahren lebt sie auf diesem Fleck, als Trapperin. Seit ihr Mann tot ist, hilft ihr der Sohn. „Hier geboren." Ihre Hand zeigt über den Clearwater River. Und wenn sie irgendwo hingeht, dann nur nach Fort McMurray. Woanders war sie nie. *„Always up and down the river."* Sie lächelt dabei. Zufrieden.

Es ist etwa so, als wenn meine Welt zwischen Hannover und Hildesheim läge. Zuwenig für mich. Aber ich beneide sie, die auf wenigen Quadratkilometern ihr bescheidenes Glück gefunden hat. Zufriedenheit ist keine Sache der räumlichen Dimension.

Gegen Abend sind wir zurück auf dem Fluß. Die Sonne Albertas zeigt selbst zu dieser späten Stunde, was in ihr steckt. Es ist noch immer heiß.

Auf der linken Flußseite entdecke ich ein großes Schild: *Prevent Forest Fires*. Die Angst vor Buschfeuern geht auch hier um. Bei starkem Wind rasen Buschfeuer mit der Geschwindigkeit von Langstreckenläufern durch den Wald, ein Drama, das sich Jahr für Jahr wiederholt. Das kontinentale Klima östlich der Rockies dörrt das Land so aus, daß ein winziger Funke genügt, Gras und Holz in eine Fackel zu verwandeln. Wo viele Menschen leben, vervielfacht sich die Feuergefahr.

Es ist schon dämmerig, als wir unser Nachtlager aufschlagen. Im Schlamm des Ufers entdecke ich frische Bärenspuren. Nach kurzem Beratschlagen hieven wir unsere Lebensmittelsäcke bärensicher zwischen zwei Bäumen hoch.

Wie das geht? An diesem Abend könnte ich einen Roman darüber schreiben. Es will partout nicht klappen. Verläuft's reibungs-

„You are in bear country." Der sicherste Platz für Lebensmittel ist oben zwischen den Bäumen

los, könnte die Beschreibung in Kurzform so klingen:
„Zwischen zwei Bäumen spanne ich in ausreichender Höhe ein Seil. Einen weiteren Strick, verbunden mit unserem schweren Futtersack, werfe ich über die quergespannte Leine und ziehe den Sack hoch."

Die Sache funktioniert, wenn der Vorratsbeutel zwei, drei Kilo wiegt. An diesem Abend aber hätte nicht viel gefehlt, und die Bäume wären unter dem Gewicht unserer Vorräte zusammengebrochen. Wir werden in Zukunft was anderes austüfteln müssen, um unsere Lebensmittel bärensicher zu verstauen.

Da Peter Forster uns eine Tüte Milch zurückgelassen hatte, brodelt Milchreis im Kochtopf. Über Kurzwelle erreicht uns „Radio Deutsche Welle", heute mit einem „Bummel durch Kiel". Ich habe meinen Arm um Juliana gelegt. Ein Eichhörnchen springt von Ast zu Ast. Ein paar Enten veranstalten einen Sängerwettstreit. *Sounds of Silence.* Trotz der Geräuschkulisse ist es ganz still und friedlich. Kiel, das ist in diesem Moment wie ein Gruß aus einer anderen Welt.

Reger Flugbetrieb herrscht am anderen Morgen über uns. Nicht nur in Form von Wolken gieriger Moskitos, die erst in der Flußmitte von uns lassen. Der Airport von Fort McMurray muß in der Nähe sein. Das Dröhnen kleiner Ein- und Zweimotoriger liegt in der Luft, im Norden ein vertrautes Geräusch.

Eine große Eule läßt sich am Ufer auf einem grauen Ast eines toten Baumes nieder. Das Donnern der Flugzeuge vermischt sich mit dem Dröhnen von Trucks. Irgendwo muß die Straße nach Süden verlaufen. Fort McMurray ist ein vorgeschobener Posten der Zivilisation in entlegener Wildnis, andererseits jedoch von Edmonton aus über Higway 2 und 63 bequem zu erreichen.

Es ist später Vormittag, als wir auf ein steiles sandiges Uferstück stoßen. Wie feine Spinnennetze ziehen sich glänzende schwarze Fäden über den Sand, vereinigen sich mit anderen Rinnsalen und sickern in den Clearwater River.

„Sieht aus, als hätte hier einer Altöl übers Ufer gekippt."

Wir legen an. Mit dem Paddel stochere ich im schwarzen breiigen Schlamm. „Das ist Öl. Vielleicht ist das schon der Ölsand vom Athabasca."

Wir beschließen, uns in Fort McMurray umzusehen. Ein merkwürdiges Gefühl packt mich, als wir darauf zupaddeln. Das also ist der Abschied vom ersten Fluß unserer Reise zum Eismeer. Das Idyll eines kleinen, verträumten, glasklaren Wasserlaufs wird zurückbleiben. Die alten Voyageurs hätten jetzt den Hut gezogen. Der Athabasca River wird nach den ersten wilden Sprüngen am Columbia Icefield in den Rocky Mountains schon ein stattlicher Strom geworden sein.

Wir paddeln an großen flachen Frachtkähnen, die am Ufer vertäut liegen, vorbei. „Radium No. 2", „Radium No. 4", lese ich. „Das müssen die Pötte sein, die nach Fort Chipewyan und Uranium City am Nordufer des Athabasca-Sees gehen." Einige haben schwer geladen: Maschinen, riesige Rohre, einige Pkws, große Trucks und natürlich viele Container.

Die ersten Hochhäuser tauchen zur Linken auf. *Boom town*, geht's mir durch den Kopf. So oder wenigstens so ähnlich muß es anno 1898 beim Goldrausch am Klondike gewesen sein. Wo gestern noch Wildnis war, schossen Häuser aus dem Boden heraus wie Pilze an einem feuchten Sommerabend. Nur daß das Gold hier schwarz ist und Öl heißt.

Wir paddeln auf den Snye, einen Seitenarm des Athabasca, der die Verbindung zum Clearwater herstellt.

„Sieht hier aus wie auf einem Flughafen." Gut zwanzig Wasserflugzeuge auf Schwimmkufen parken Seite an Seite auf dem Fluß. Hinter dem letzten finden wir eine Lücke, in die wir unser Kanu hineinmanövrieren.

„*Hi, folks!* Sieht aus, als hättet ihr noch einiges vor euch." Aus dem blinden Fenster eines Hausbootes blickt ein gegerbtes Indianergesicht.

„Fort Chipewyan am Athabasca-See", sage ich.

Der Alte lacht, kaut auf einem Zigarettenstummel und spuckt ihn in den Fluß. „Fort Chipewyan..., da lebe ich. Da gibt's aber nicht viel zu sehen." Nach einer Pause, während er prüfend zum Himmel sieht, meint er: „So in ein, zwei Stunden fahre ich zurück. In gut zwölf Stunden werde ich zu Hause sein."

„Wie weit ist es?"

Der Alte kratzt an seinen Bartstoppeln, die sicher älter sind als seine Abwesenheit vom heimischen Rasierapparat. „Na..., so an die zweihundert Meilen."

Ich überschlage kurz, das sind dreihundertzwanzig Kilometer.

„Das könnt ihr in knapp drei Tagen schaffen."

Ich lache. „Aber nur mit einigen PS hinten dran."

„Come on, you guys, die Voyageurs haben das auch fertiggekriegt." Er rollt sich eine Zigarette mit Fingern, denen man ansieht, daß sie eher gewohnt sind, rauhe Fischnetze aus dem See zu ziehen, als Briefe zu schreiben, und kommt aus seiner Bude raus. Er lehnt sich an das Geländer.

„Übrigens, wenn ihr nach Fort Chip kommt, könnt ihr bei mir wohnen. *Dammit* – hab' ganz vergessen, mich vorzustellen!" Er streckt seine Pranken aus und schüttelt uns die Hände, daß unser Kanu ins Schaukeln kommt. „Sie nennen mich Charly Flat. Ich wohne im ersten ausrangierten Bus, auf den ihr trefft, wenn ihr vom See kommt."

Ich bin gespannt, was sich mit der Beschreibung anfangen läßt.

„Don't worry, es gibt nur drei alte Busse in Fort Chip. Ihr könnt mich nicht verfehlen."

Angesichts der Tatsache, daß keine Straße nach Fort Chipewyan führt, finde ich drei Busse schon 'ne ganze Menge. Ich verkneife mir diese Bemerkung. Viel von dem, was Charly sagt, muß ich mir sowieso zusammenreimen. Sein Englisch ist holprig, seine Zunge etwas schwer.

„Fort McMurray ist der beste Platz auf der Welt. Hundertmal besser zum Leben als Fort Chip."

„Warum das denn?"

Der Alte sieht mich mit einem fast tragischen Blick an. *„Fort Chip is dry.* Kein Bier, kein Schnaps. Verstehst du?" Mit der Bemerkung, er wolle noch einen zur Brust nehmen, schließt er die Tür hinter sich.

Im Öl-Dorado

Als wir in Fort McMurray an Land gehen, tun wir es nur, um uns bei der RCMP zu registrieren und frische Lebensmittel zu kaufen. Abends wollen wir wieder auf dem Fluß sein. Es kommt anders.

Ein Mann tritt auf uns zu. Ich hatte ihn schon vom Boot aus beobachtet, wie er am Ufer mit den Kindern spielte.

„Kann ich euch helfen?" Er schiebt seinen Hut in den Nacken. „Übrigens, Alan Chapman heiße ich." Dann erzählt er, daß er gerade Urlaub hat, und da habe er sich gedacht …, wo wir doch Fremde seien …, er könne uns die Stadt zeigen.

Wir beratschlagen kurz, dann willigen wir ein. Nur ein paar Wertsachen nehmen wir an uns, decken das Kanu ab und steigen in seinen *pick-up truck*. Alans Angebot entpuppt sich als Geschenk des Himmels: Das Polizeigebäude ist sieben Kilometer vom Fluß entfernt.

Sergant Forster ist da. Großes Hallo. Nachdem wir uns für die zweite Etappe registriert haben, wünscht er uns *„good luck"* und drückt mir unaufgefordert einige Karten mit dem genauen Verlauf des Athabasca River in die Hand.

Alan fährt uns nach *downtown*, wo die Läden sind. „Wißt ihr eigentlich, wie groß Fort McMurray ist?"

„Na, dreißigtausend Einwohner, schätze ich."

Alan lacht. „Das ist Jahre her. Heute haben wir mehr als siebzigtausend Einwohner. Seit Öl vom Athabasca in die *barrels* fließt, wimmelt's hier nur so von Arbeitern und Millionären.

Er sagt, die größten Ölsandschichten der Welt – die Kanada auf Platz zwei der erdölreichsten Länder hinter Saudi Arabien bringen – würden gut dreißig Kilometer von hier am Westufer des Athabasca River abgebaut. Einige große Firmen teilen sich den Kuchen. Mit Spitzentechnologie und Giganten aus Stahl und Eisen wird das Land umgekrempelt und der Ölsand abgeschabt.

„Daß es hier Öl gibt, ist schon lange bekannt. Als der Pelzhändler Alexander Mackenzie 1789 auf dem Weg zur Beaufort-See im Kanu hier langpaddelte, hat er in seinen Tagebüchern den schwarzen Sand, er nannte ihn Bitumen, schon beschrieben."

Die ersten Versuche Anfang dieses Jahrhunderts, die Athabasca-Ölsände abzubauen, gründeten sich auf die Vorstellung, daß das Öl in unterirdischen Seen lagere. Also trieb man tiefe Bohrlöcher in den Grund, insgesamt vierundzwanzig Stück in den Jahren 1906 und 1907. Natürlich mußte das vergebliche Mühe sein – es gab keine Ölbassins. Später nutzte man Vorkommen, indem große Sandmengen in den Süden, besonders nach Edmonton, gebracht wurden, für den Straßenbau. Man gab das aber auf. Die Transportkosten waren zu hoch.

Zwischenzeitlich wurden die Techniken, mit denen das Öl vom Sand getrennt werden kann, verfeinert. Seit Ende der sechziger Jahre hat die Ölproduktion am Athabasca explosionsartig zugenommen. Heute schätze man , daß noch 130 Milliarden Barrel Öl rund um Fort McMurray im Sand liegen.

„*Yeah*, Öl ist Macht – und das führt so weit, daß die *fellows* im Osten, in Ottawa und Montreal, mit ansehen müssen, wie ihnen die Macht aus den Fingern gen Westen entgleitet. Kanadas heimliche Hauptstadt heißt heute Calgary." Alan ist sichtbar stolz auf seinen Ölsand.

Über die Jahre wurde aus der von Peter Pond gegründeten Pelzhandelsniederlassung „On the Forks" am Zusammenfluß von Clearwater und Athabasca River eine reiche Stadt mit allem, was das moderne Kanada zu bieten hat. Und sie boomt mehr denn je.

„Wie lange könnt ihr in Fort McMurray bleiben?" Alan sieht fragend zu uns rüber. „Wenn ihr wollt, könnt ihr bei uns wohnen. Platz haben wir genug, und die nächsten Tage habe ich Urlaub. Ich nehme euch mit raus zu den Ölfeldern."

Das klingt wie Musik in unseren Ohren. Wir willigen ein.

Alan bringt uns zurück zum Fluß, wo wir Kanu und Ausrüstung auf seinen Pick-up laden. Auf dem Weg zu seinem Haus kracht's plötzlich ohrenbetäubend, und die alte Kiste steht.

Alan steigt aus. „Das werden wir gleich haben. Die Kardanwelle ist aus der Halterung gerutscht. Das hatte ich neulich schon mal." Er biegt und zerrt daran herum. Ohne Erfolg. *„Sorry,* ihr beiden, wir müssen in die Werkstatt."

Mit Höllenlärm rumpeln wir durch den Ort. Während der kurzen Reparatur trinken wir Kaffee. Dünn ist er und heiß. Und es gibt so viel davon, wie man es sich im trockenen Westen nur wünschen kann.

Seit knapp zehn Jahren wohnt Alan hier mit seiner Familie. Er ist Baggerführer bei einer der *oil companies.*

„Bei sechs Tagen Arbeit und – die Überstunden mitgerechnet – zehn Stunden täglich verdienst du nicht schlecht. Okay, das Leben ist hier etwas teurer als anderswo, aber vergiß nicht, was dir dieses Land sonst so zu bieten hat. Zehn Meilen weg von hier, und du bist da, wo dich keiner findet, wenn du nicht willst, daß er dich findet." Der Nordlandbazillus hat Alan gepackt. Und daß er dabei auch gut verdient, ist durchaus nicht überall im Nordwesten eine Selbstverständlichkeit.

Abends fährt Alan uns durch die Stadt. Vom Transporter sind wir auf die Familienkutsche, einen Chevy Impala, umgestiegen. Daß der Wagen überhaupt noch läuft, ist phänomenal. Einen deutschen TÜV-Ingenieur würde die Karre sicher zu Freudentänzen hinreißen: Die Fahrertür läßt sich von innen nur mit der Zange öffnen. Das Handschuhfach ist, da das Schloß fehlt, zugeklebt. Und immer wenn's durch Schlaglöcher geht, knalle ich mit dem Hintern durch die Sitzbank aufs Bodenblech. Nicht, daß die Chapmans nachlässig wären. Solche Ungetüme sind im Busch an der Tagesordnung.

Fort McMurray ist Kanadas Öl-Boomtown, ähnlich Dawson City zur Zeit des Klondike Goldrausches. Arbeit gibt's genug, aber auch zunehmend Gewaltdelikte. Eine Stadt, deren Wohlstand und Zukunft auf dem oil business basiert. Fast jede der zugezogenen Familien hat ein eigenes Häuschen mit einen Stück Land dahinter. Obst- und Gemüsegärten aber sind selten. „Bei diesem Klima wächst hier nicht viel", sagt Alan.

Dann und wann stoppt er, um uns etwas zu zeigen. Vor Protz-kästen etwa, denen man ansieht, daß beim Bau Geld keine Rolle spielte.

„Das ist sicher ein Halbe-Million-Dollar-Kasten." Alan sagt es fast andächtig. Und die Geschichten der Eigentümer ähneln ein-ander wie ein Ei dem anderen. Bekannte Storys, wie aus jener Zeit, als mancher als Tellerwäscher anfing, und als Millionär endete. Viele sind durch Bodenspekulation reich geworden. Wer recht-zeitig kaufte, dann noch clever genug war, die Gegenspieler aus-zupokern und im richtigen Moment zu verkaufen, verdiente sich eine goldene Nase.

„Seht euch den an! Vor zwölf Jahren kam er mit einem klappri-gen Auto. Jetzt hat er das teuerste Haus im Viertel, seine eigene *company* und sechs eigene Trucks."

Als wir durch eins der vielen Neubaugebiete rollen, beein-drucken mich riesige Caterpillar-Raupenfahrzeuge, mit denen das *muskeg*, das tiefe Moos des Nordens, regelrecht abgehobelt wird, bis die glatte Erdoberfläche zum Bebauen zurückbleibt.

„Übrigens, solch einen Truck fahre ich." Alan zeigt auf ein an-deres Monstrum. „Der hat ein Eigengewicht von neunzig Tonnen, weitere neunzig Tonnen kann er zuladen."

Wir fahren runter zum Hanging Stone River. Malerisch zieht sich der kleine Fluß durch eine Schlucht mit dunklen Ölsänden, bis er sich kurz darauf mit dem Athabasca verbindet.

Durch Wohnwagen-Vorstädte, in denen Tausende von Men-schen in ihren transportablen Häusern leben, rollen wir zurück. Tim, ein Freund von Alan, wohnt in solch einem knapp zwanzig Meter langen Kasten. Beim Umzug wird das Haus kurzerhand auf einen Tieflader gepackt, vielleicht fünfhundert Kilometer weiter westlich abgeladen, mit Blumen umpflanzt, eine Kette wird her-umgehängt – und schon ist man wieder zu Hause.

Wir halten für einen kurzen Besuch an. Das Wohnwagen-Haus ist ein langer Schlauch mit typisch amerikanisch-plüschiger Ge-mütlichkeit. Tim ist Pastor der örtlichen Mennoniten-Gemeinde. Acht Monate im Jahr erhält er ein bescheidenes Einkommen als

Pastor von seiner Gemeinde. Die übrige Zeit arbeitet er in seinem erlernten Job als Maler.

Als Juliana und ich abends in Alans Gästezimmer liegen, schwirrt mir der Kopf von den vielen Eindrücken des Tages. Welten liegen zwischen dem Leben, das wir auf der anderen Seite der Erde zurückgelassen haben, und dem hier. Es war ein Glücksfall, daß Alan so selbstverständlich auf uns zugekommen ist.

Es ist warm im Haus. Nach den Wochen draußen in der Wildnis habe ich Schwierigkeiten, mich an feste Wände und die stehende Luft zu gewöhnen. Mir fehlt das Knattern des Windes in den Zeltwänden, das gleichmäßige Klatschen der Wellen am Ufer. Ein leichter Wind streicht ums Haus. Ich bin in Gedanken schon wieder auf den Flüssen. So interessant es hier auch ist, morgen soll's weitergehen. Darüber schlafe ich ein.

Alan bringt uns raus zum großflächigen Gelände einer der hier tätigen *oil companies.*

Anfangs wurden hier sechzigtausend Barrel Öl täglich gefördert. Man rechnet damit, die Produktion auf mehrere Millionen Barrel am Tag steigern zu können."

Alan zeigt uns riesige Arbeitsmaschinen mit gewaltigen Schaufelrädern, die den Ölsand von der Oberfläche abkratzen. Diese *bucket-wheel excavator* genannten Supermaschinen sind 120 Meter lang und wiegen 6000 Tonnen. Das Fassungsvermögen jeder der 14 Schaufeln des Schaufelrades liegt bei 61 Kubikmeter Sand. 20 Millionen Tonnen Erdreich werden so Jahr für Jahr allein von einer Maschine freigelegt. „Die laden den Ölsand auf die gewaltigsten Trucks, die ihr je in eurem Leben gesehen habt. Da wette ich drauf."

Ich bin gespannt. Was wir zu sehen bekommen, sprengt allerdings meine Vorstellungskraft. Diese Monster aus Stahl und Eisen sind wahre Dinosaurier der Neuzeit und den Dimensionen Kanadas angepaßt. „Hundertfünfzig Tonnen wiegt der Truck, und etwa das gleiche hat er an Zuladung." Alan sagt das fast nebenbei. „Das sind übrigens noch gar nicht die größten."

Truck zum Abtransport des Ölsandes: „Aber der ist ja noch klein..."

Ich stelle mich neben eines der riesigen Räder. Es gelingt mir gerade, die Oberkante der Reifen zu fassen.

Auf dem Weg zurück zum Ort erzählt uns Alan seine eigene Geschichte. Ich hatte geahnt, daß es ein kleines Geheimnis um ihn gibt. Er wirkt so anders als die meisten, ruhiger und zufriedener. Er erzählt, was er früher für einer war. So wie die Männer hier oben im Norden eben sind, sagt er, bei denen Spielen, Trinken und Fluchen im Vordergrund stehen. *Rough guys* seien das gewesen, mit denen er gesoffen habe. Seine Familie habe darunter zu leiden gehabt. Eines Tages sei er auf einen Mennoniten-Prediger gestoßen. Diese Begegnung hat sein Leben verändert. Seitdem rührt Alan keinen harten Tropfen mehr an. Und er fängt an, dieses Land mit anderen Augen zu betrachten.

Am späten Nachmittag sitzen wir wieder im Kanu. Alan hatte mir noch ein Neues Testament mit auf den Weg geben wollen. „Danke, Alan, es ist wirklich schon eng im Kanu …"

Die ganze Familie Chapman ist vollzählig versammelt. Sie rufen, winken, drücken uns die Daumen. Ein Gefühl richtiger Freundschaft kommt auf. Vor drei Tagen wußten sie nicht mal, daß es uns überhaupt gibt. Wir versprechen, ganz bestimmt zu schreiben. „Bis irgendwann mal!" Dann ist unsere gelbe Nußschale von der Strömung des Athabasca Rivers erfaßt. Wie durch eine starke Faust unter dem Boot zieht es uns zur Mitte des Flusses. Ich sehe Alan noch lange winken, bis sich seine Konturen auflösen im ersten Abendlicht, das das Land in warmes Rot bettet.

Ich denke noch lange über diese Begegnung nach. Daran, wie schön es ist, nicht nur Freude zu empfangen, sondern sie auch zu geben. Daß die Freude über die Gesellschaft fremder Menschen im entlegenen Norden durchaus keine oberflächliche *show* ist, spürt man sofort. Jeder, der hier in friedlicher Absicht an die Tür klopft, ist für die meisten *Nor'wester* eine Bereicherung.

Die Strömung auf dem Athabasca River ist flotter als auf dem Clearwater. Wir kommen zügiger voran als erwartet. Anfangs begleitet uns noch das Geräusch einer parallel zum Fluß verlaufenden Straße. Wir passieren eine riesige Abraumhalde aus weißem

Sand, aus dem das Erdöl herausgetrennt worden ist. Nach Stunden des Paddelns liegt Fort McMurray hinter uns. Von nun an geht's durch Wildnis. Allerdings eine, bei der wir darauf gefaßt sein müssen, auf die Spuren von Menschen zu stoßen. Nicht nur verwischte Fährten der alten Pelzhändler werden wir finden, sondern kleine Ortschaften, hier und dort eine Fähre, Frachtkähne, Indianer-Camps. Athabasca, Slave und Mackenzie River sind noch immer *highways of the north,* Haupt- und Durchgangsstraßen in einem Land, in dem Autoschneisen noch die großen Ausnahmen bilden.

Ein grandioser Sonnenuntergang verschönt das flache Land, in dem die hohen Uferbänke des Flusses das einzig Herausragende sind. Berge und markante Felsen werden wir die nächsten Wochen nicht sehen.

Dieser Abend am Athabasca ist der erste von einer Reihe zauberhafter Wildnisabende, romantisch wie auf der Leinwand. Bilder meiner Jungenträume tauchen wieder auf. Ich meine, solche Momente schon einmal durchlebt zu haben.

Wir legen an, um Tee zu kochen. Danach wollen wir in die Nacht hineinpaddeln. Juliana hockt am Lagerfeuer und füllt den Teetopf. Sie leuchtet rot im Abendlicht, wie das Land um uns herum. Der Himmel scheint zu brennen. Der Rauch unseres Lagerfeuers tastet sich durch die Windstille, ohne sich recht entschließen zu können, welche Richtung er einschlagen soll. Ich schiebe ein paar dünne Zweige in die Glut. Gierig lecken die Flammen über das trockene Holz. Augenblicke später summt das Wasser in unserem Teekessel. Ich angle nach der Fototasche und hole unser Tagebuch heraus, fast wie im Zwang, solche Bilder auf dem Papier in Worte zu fassen, zu konservieren für eine Ewigkeit.

Juliana hat sich gegen einen Felsen gelehnt. Sie blinzelt in das sich verändernde Farbenspiel über dem Athabasca im Nordwesten, beobachtet, wie Rotgold überwechselt in Goldgelb. Zum Schluß bleibt ein Leuchten über dem Fluß zurück, wo der Sonnenball das Wasser berührte.

„Da verblassen die Leistungen eines André Heller und all jener, die Illusionen zaubern und der Natur mit Technik und Finessen auf die Sprünge helfen wollen. Das war zweifache Spitzenklasse." Vielleicht bin ich auch nur sentimental. Ich kann mich an solchen Bildern berauschen. Und brauche dazu nur einen Becher heißen Tee – allerdings tief im Athabasca-Land.

Der Fluß ist ganz ruhig nach dem Sonnenuntergang. Dann und wann gluckst es, wenn kleine Wirbel für Turbulenzen sorgen. Noch einmal nehmen wir diese Nacht die Paddel zur Hand.

„Es ist, als würden wir über einen endlosen See paddeln." Juliana hat sich zurückgelehnt. „So interessant Fort McMurray auch war, es ist gut, wieder im Boot zu sein."

Weder Gänse noch die allgegenwärtigen Enten machen uns diese Nacht ihre Aufwartung. Lange nach Mitternacht erst legen wir an. Wir hocken noch ein Weilchen vor dem Zelt und können uns nicht satt sehen an den blaugrauen Farben der Nordlandnacht. Die Helligkeit einer verharrenden Dämmerung liegt über dem Land.

Noch stehen wir am Anfang des Trips. Was wir gesehen und erlebt haben, war überwältigend. Was haben die *highways of the north* noch für uns parat? Ich denke an die Voyageurs. „Ich kann euch verstehen, ihr Burschen, daß ihr diesem Land verfallen wart. Es gibt nichts, was dem Leben eines Voyageurs gleicht."

Von Indianern und Trappern

Der Athabasca River ist eine der am weitesten entfernten Verästelungen des breitgefächerten Mackenzie-River-Systems, Kanadas mächtigstem und wasserreichstem Fluß. Die Landschaft unterhalb von Fort McMurray wird sich auch die nächsten tausend Kilometer nicht wesentlich ändern. Helle Kalkwände begrenzen den Strom, wechseln ab mit gelblichen Sandpartien, hier und dort durchzogen von schwarzen Ölbächen.

Wir legen die Paddel beiseite, um uns die Hemden auszuziehen. Intensiver noch als vom azurblauen Himmel brennt die Sonne aus der Reflexion des Wassers. Unsere Lippen sind geschwollen, meine Nase ist rot, trotz des Hutes, den ich ständig trage.

„Hätte ich nicht für möglich gehalten, daß es auf der Einfallstraße Richtung Arktis so affenheiß werden würde."

„Laß uns dichter am Ufer entlangfahren. Vielleicht finden wir einen sauberen Bach."

Durst ist unser Wegbegleiter. Mit kommt's vor, als hätte ich mich selten ausgedörrter gefühlt als hier auf dem Fluß mit Millionen Kubikmetern kreiselnden, glucksenden Wassers um mich. Anders als auf dem Clearwater River wollen wir das Athabasca-Wasser nicht trinken. Das bißchen Lehm im Wasser würde mich nicht stören, aber die Abwasserrohre von Fort McMurray sind mir noch zu nah.

Auf der Suche nach sauberen Creeks tasten wir uns am Ufer entlang. Aber das einzige, was hier durch den Sand sickert, sind Ölrinnsale.

Eine mächtige Straßenbrücke überspannt den Fluß fünfzig Kilometer nördlich von Fort McMurray. Fünfzehn Millionen Dollar soll sie gekostet haben, hatte uns Alan gesagt. Die Straße, die über sie verläuft – nur wenige Touristen haben sie jemals befahren –, endet ein kleines Stück weiter nördlich. Ich bin sicher, die Aussicht auf weitere fette Ölausbeute hat den Aufwand gerechtfertigt.

Alan hatte uns mit auf den Weg gegeben, in der Nähe der Brücke nach Versteinerungen zu suchen. Ein paar kräftige Schläge mit dem Paddel, das Boot dreht sich, kommt gegen die Strömung, und wir legen an. Außer einigen hübschen versteinerten Schneckenhäusern finden wir nichts. Da ich aber schon immer ein eichhörnchenhafter Sammler war und ich mir schon jetzt vorstellen kann, wie ich später gemütlich am Schreibtisch sitzen und unsere Erinnerungen an ein großes Abenteuer betrachten werde, packen wir die Steine ins Kanu. Zum Glück gibt's zwischen hier und der Beaufort-See kaum noch Portagen.

Vor dem tiefblauen Himmel zeichnen sich am hohen Ufer die Konturen von einfachen Holzhäusern ab. „Das muß Fort MacKay sein", überlege ich. „Laß uns anlegen. Will sehen, ob ich Trinkwasser kriege."

Hinter den Fichten des Ufers erkenne ich die Spitze eines kleinen hölzernen Kirchturms. Soweit ich sehen kann, tragen die

Häuser der Siedlung alle die Standardfarbe des Nordens: Weiß-Blau.

„Mein Gott, das Ufer sieht ja aus wie eine Müllhalde!" Juliana zeigt auf einen überquellenden Abfallsack, der unverschlossen am Ufer liegt. Andere Müllbeutel sind zerfetzt. „Entweder waren das Hunde oder Bären. So kann man auch seine Haustiere ködern."

Wir hatten ähnliche Bilder in vielen Nordlanddörfern gesehen. Spricht man darüber mit den Einwohnern, sehen sie einen irritiert an. „Wieso? Der Fluß bringt unseren Dreck doch hoch zur Beaufort-See." Umweltbewußtsein wird hier noch einige Zeit auf sich warten lassen.

Abgerissene Kinder, begleitet von kläffenden Hunden, umlagern mich. Sie fragen nichts, sind nur da. Ich klopfe an die erste Hütte.

„Come in!"

Ich drücke auf den speckigen Türgriff. Knarrend öffnet sich die Tür. Ein Mann und eine Frau sitzen an einem rohen Holztisch. In der Ecke plärrt ein kleiner TV. Das Fernsehbild huscht wie eine Winterlandschaft im Schneesturm über den Schirm. Außer weißgrauen Schatten ist nichts zu erkennen. Hinsehen tut sowieso keiner. Die beiden haben angebrochene Bierflaschen vor sich. Eine Batterie leerer Pullen steht in der Ecke.

Die Zunge des gut Vierzigjährigen ist schwer: *„Sit down. Where do you come from, brother?"*

„Aus Deutschland."

Er schiebt mir eine volle Flasche über den Tisch. „Hmmh", brummelt er in seinen Bart, „wie kommt's, daß du weiße Haut und braune Augen hast? Habt ihr Deutschen nicht blaue Augen?" Beim dritten Bier gibt er sich endlich mit meinen Erläuterungen über den Rassentiegel Europa zufrieden.

Die Frau, eine Flasche in der Hand, geht zur Tür und ruft etwas nach draußen. Kurz drauf tummeln sich acht Kinder wie Orgelpfeifen in der Hütte von der Größe einer geräumigen Gartenlaube. „Alles meine", sagt sie stolz und öffnet sich ein weiteres Bier. Ob die Kinder auch alle von ihrem Partner am Tisch sind, bleibt offen.

Sie füllt Wasser in unsere Feldflasche und bringt mich zurück zum Ufer. Auf dem Rückweg sollen wir unbedingt wieder bei ihr reinschauen. „Ein Bier steht für euch immer kalt." Ich vermute, daß hinter der versoffenen Frau – ihr Alter würde ich zwischen dreißig und fünfzig schätzen – ein ganz netter Kerl steckt.

Als ich unser Kanu vom Ufer abstoße, winkt sie. Wir winken zurück.

„Weißt du noch, wie sauer ich damals war, als wir in den Yukon Territories ein Schild an einem Ortseingang sahen mit der Aufschrift: ‚Trinken in der Öffentlichkeit verboten'? Damals hat's nicht in mein Klischee vom großen, freien Land gepaßt", sage ich nachdenklich.

„Damals waren wir auch noch Greenhorns. Wenn ich heute könnte, würde ich den Alkoholverkauf hier sofort ganz verbieten."

Die Abhängigkeit vom *booze*, seit den ersten Tauschgeschäften rücksichtsloser Pelzhändler mit gepanschtem Rum und Brandy, hat beängstigende Ausmaße angenommen. Schon 1775 beschreibt ein Pelzhändler namens Alexander Henry seine Geschäfte mit Indianern wie folgt:

„Wenn Indianer in Tauschverhandlungen treten, geschieht das nach festem Ritual. Sie schichten alles, was sie entbieten können, auf einen Haufen. Während einer feierlichen Zeremonie teilt mir der Häuptling mit, daß sein Stamm sich freue, weiße Männer im Land zu haben. Lange hätte er auf ihre Ankunft gewartet. Viele wertvolle Dinge hätten die Frauen sich für die Fremden vom Munde abgespart, denn der Stamm, mittellos wie er sei, benötige Munition und Kleidung..., am allermeisten aber brauche er Rum, den sie ‚Milch' nannten.

Unsere Geschenke bestanden aus einem Fäßchen Schießpulver, Kugeln, Utensilien für den Hausrat und einem großen Faß Rum. Bald schon begannen die Männer zu trinken. Die Frauen aber brachten mir wertvolle Geschenke. Unter anderem zwanzig Sack Reis.

Ich gab mehr Rum und fragte nach mehr Reis. Und während die Männer weiter tranken, erhielt ich hundert Sack Reis. Am Morgen war das ganze Dorf betrunken. Ohne Zeit zu verlieren, verließen wir den Ort."

Ich sehe noch die Bilder rechts und links vieler Nordland-Highways. Die Namen der Ortschaften sind austauschbar, die Bilder aber die gleichen: schon morgens betrunkene Indianer, bis an die Spitze ihres festen, schwarzen Haares voller Alkohol, Bierdosen und Weinflaschen heimlich in Packpapiertüten im Arm.

Es bedurfte nur einer wenige Generationen umfassenden Zeitspanne, um Stolz und Lebensgewohnheiten einer ganzen Rasse bis auf die Grundfesten zu erschüttern. Noch vor dreihundert Jahren waren sie Jäger und Fallensteller. Sie lebten vom Land und den Pelztieren. Ein überlieferter Ausspruch eines Cree-Indianers umreißt das treffend: „Was der Biber für uns tut, macht er mit Perfektion. Er gibt uns Kessel, Äxte und Dolche. Er verschafft uns Trinken, Essen, ohne die Plackerei, den Boden erst kultivieren zu müssen."

Heute sind Arbeitslosenziffern in Indianergemeinden astronomisch hoch. Statt Biber heißt die Formel: Wohlfahrt und *booze*.

Wir haben Fort MacKay keine halbe Stunde hinter uns gelassen, als ein schweres Frachtkanu uns überholt, stoppt und längskommt. Einer der Männer, die ich vor Tagen am Anleger von Fort McMurray gesehen hatte, hält den Steuerknüppel. Neben ihm ein Junge.

„Hi, ich bin Trapper Ernie. Wenn ihr's bis heute noch zu meiner Blockhütte schafft, werdet ihr dort ein paar schöne kalte Biere vorfinden."

„Wie weit ist's denn?"

„Ach, nicht der Rede wert. Nur gut dreißig Meilen."

Mit der Schubkraft von achtzig Pferdestärken in der Hinterhand sieht manches doch ganz anders aus. Für uns sind das runde fünfzig Kilometer Paddelei. Paddel hoch, runter, durchziehen... und wieder Paddel hoch, runter, durchziehen...

„Trinkt ihr überhaupt Bier?"

Unser Gelächter ist ihm Antwort genug. Trotzdem kann ich mir

Zu zweit im selben Boot, einen ganzen Sommer lang. Paddeln ist Alltag geworden

die Frage, ob er schon mal Deutsche getroffen habe, die kein Bier trinken, nicht verkneifen.

Ernie lacht. Zur Bekräftigung schiebt er uns spontan zwei Flaschen „Labatts blue" ins Kanu. „Für unterwegs."

Mann, wenn das so bis zur Arktis weitergeht! In der Wildnis kriegt man mehr Kontakte als an einem lauen Sommerabend auf dem Kurfürstendamm.

Der Athabasca River wird immer breiter. Stellenweise schätze ich ihn auf mehr als einen Kilometer. Dazwischen leuchten die Spitzen kleiner Sandbänke wie Buckel von Dinosauriern. Nach fünf Stunden fast ununterbrochener Paddelei haben wir die Gegend erreicht, in der nach Ernies Beschreibung seine Hütte stehen müßte.

„Keine Cabin zu sehen."

„Hoffentlich war's keine Ente mit der Einladung."

„So ein Typ war er nicht."

Auf dem Wasser vor uns, gut hundert Meter entfernt, tauchen zwei *loons* auf. Seit Tagen haben sich unsere Lieblingsvögel nicht mehr sehen lassen. Mag sein, daß es ihnen in der Gegend von Fort McMurray zu laut war. Wie auf Bestellung stößt einer seinen hellen pfeifenden Ruf aus, der Augenblicke später in das charakteristische Lachen übergeht.

„Versuch ihm zu antworten." Wir hatten das schon oft ausprobiert. Und die Vögel waren darauf eingegangen. Juliana lacht, täuschend ähnlich, wie ein Loon; sie hat's wirklich drauf. Vibrierend kommt das Gelächter vom anderen Ufer wie ein Echo zurück. Das Zwiegespräch findet ein Ende, als ich Ernies Hütte auf einer Anhöhe über dem Fluß entdecke.

Der Trapper empfängt uns am selbstgebauten Bootsanleger mit ausgestreckten Händen. „Ihr habt die Strecke in guter Zeit gemacht. Vermute, ihr seid durstig." Wir folgen ihm zu einem rotgestrichenen, gepflegten Holzhaus, hinter dem der Rohbau eines sehr großen Blockhauses steht.

„Das ist unser Neubau. Gerade haben wir ein Baby gekriegt. Wird langsam zu eng in der alten Cabin."

Ich frage, wie lange er schon am Neubau arbeitet.

„Ein Jahr – jede freie Stunde, wenn es das Wetter zuläßt. Jeden Stamm habe ich selbst gefällt, und jeden Stamm habe ich einige hundert Meter mit der Winde durch den Busch gezogen."

Trapper Ernie öffnet eine Klappe im Fußboden der Hütte. „Willst du mal sehen? Das ist mein Kühlschrank! Nur ein Loch im Boden, aber dreihundertfünfundsechzig Tage im Jahr hält sich das Bier hier kalt." Richtig, wir sind ja an der Grenze zum Permafrost, wo der Boden rund ums Jahr gefroren ist.

Ernie, der als junger Mann noch auf den Namen Arne hörte, ist gebürtiger Norweger. Seit gut zwanzig Jahren lebt er in Kanada. Irgendwie war er hierher verschlagen worden, hatte seine Frau kennengelernt und war an diesem Fleck Erde hängengeblieben. Ernies Frau ist Halbindianerin. Sie ist so nett, wie ihr Körperumfang gewaltig.

„Kannst du dir vorstellen, irgendwann zurückzugehen nach Europa?"

„Niemals, aber 'ne Ansichtskarte zu Weihnachten schreib' ich gern."

Während wir in der mit Fellen behängten, urgemütlichen Blockhütte plaudern, kommt Arne junior ins Zimmer. Stolz verkündet der zehnjährige Pfiffikus, er habe eine Maus mit einer selbstkonstruierten Falle gefangen: In der Mitte eines Wassereimers hat er auf einer Achse eine Dose mit einem Köder befestigt. Eine „Mäuse-Gangway" führt vom Eimerrand zum Köder. Folgt die Maus ihrer Nase bis zum Köder, dreht sich dieser mit der Dose um die eigene Achse, und die Maus fällt ins Wasser.

„Die besten Voraussetzungen für einen Trapper." Vater Ernie ist sichtlich beeindruckt... „Wenn ihr Zeit habt, bleibt doch ein paar Tage! Morgen fahre ich raus zu meiner Winterhütte. Habe dort einiges zu reparieren. Ihr könnt mitkommen. Eine zusätzliche Hand zum Helfen kann ich auch immer gebrauchen."

So bleiben wir die nächsten Tage, riechen rein ins Trapperleben, sehen uns vor allem aber Ernies Territorium an, auf dem er als lizenzierter Fallensteller zugelassen ist. Lizenziert von der Regierung, mit allem, was an Papierkram dazugehört. Die Vorstellung, sich irgendwo in *the middle of nowhere* eine Blockhütte zu bauen, Fangeisen und Flinte auszupacken, um den Rest seines Lebens ungestört als Trapper untertauchen zu können, gehört der Vergangenheit an. Kanada ist eingeteilt in *traplines*, Fallenstellerbezirke. Das geht bis rein in den entlegenen Busch. Wilderer und Aussteiger würden den auch mit Flugzeugen patrouillierenden Rangern nicht entgehen.

Ernies *trapline* führt gut fünfzehn Meilen am Fluß lang und zwölf Meilen ins Land rein. Ein gutes Stück Land und ein mächtiges Stück Arbeit für einen Trapper allein, vor allem im Winter.

„Für die Erneuerung meiner Trapperlizenz habe ich jährlich zehn Dollar zu berappen." Ernie lacht. „Eine lächerliche Summe im Vergleich zu der, die du auf den Tisch legen mußt, wenn du einem alten Trapper seine Lizenz abkaufen willst. Das geht in die Zigtausende..." Nach einer Pause: „... wenn du überhaupt eine kriegst! Nur wenn ein Trapper aussteigt, hast du eine Chance. Und ist die *trapline* gut, warten schon drei andere auf den Job."

Ernie nimmt uns am nächsten Morgen mit in den Busch. „Hier am Bach stelle ich einige meiner Biberfallen auf. Biber ist mein bestes Geschäft." Daneben fängt er auch Luchse, Bären und gelegentlich Wölfe. Es scheint, als habe er gefunden, wonach viele suchen. „Ich hoffe, ich brauche hier nie mehr fortzuziehen."

Sein Gesicht verfinstert sich allerdings, als wir auf den Öl-Boom in Fort McMurray zu sprechen kommen. „Vielleicht bauen sie eines Tages einen Highway direkt vor meiner Tür lang. Dann verkaufe ich eben Pelze ‚frisch vom Trapper an Touristen'." Klingt gar nicht witzig, wie er das sagt.

Mit dem Motorboot fahren wir auf dem Athabasca zurück zur Hütte. Ernie verschwindet in der Bodenluke und kommt mit Bieren und Elchfleisch zum Abendessen zurück.

Ich sitze da und höre ihm zu, so als wenn einer das große Märchenbuch für Erwachsene aufschlägt... Im Winter lebt er allein in seinen Hütten an der *trapline*, seine Familie bleibt dann zurück im Haupthaus. Wenn der zehnjährige Arne nicht gerade über Schularbeiten büffelt, die er per Post zugeschickt bekommt, darf er seinem Daddy helfen. „Nebenbei, unsere Post geht nur bis Fort McMurray. Von dort müssen wir sie mit dem Boot beziehungsweise dem Schlitten abholen."

Auch nicht schlecht, geht's mir durch den Kopf, dann kriegt ihr die Zeitungen mit den Terror- und Greuelgeschichten dieser Welt erst, wenn sich die erste Hitze der Ereignisse verflüchtigt hat. Aber ich sage nichts dazu.

„Und was ist, wenn einer von euch im Winter krank wird? Ich denke da besonders an den Jungen und das Baby."

„Bis vor zwei Jahren hatte ich ein Hundegespann. Jetzt haben wir einen Motorschlitten. Damit sind's von hier bis Fort McMurray nur ein paar Stunden."

„Aber wenn der Fluß zufriert, trägt er doch nicht gleich einen Schlitten. Was macht ihr dann?"

Ernie kratzt sich am Schädel. „Dann dürfen wir nicht krank werden. Also, *freeze up* ist im November, *break up*, die Zeit, in welcher der Athabasca krachend aufbricht, ist irgendwann im April. In diesen beiden Monaten ist der Fluß unpassierbar." Ernie grinst. „Dann essen wir eben mehr Knoblauch. Ihr wißt ja, Knoblauch vertreibt nicht nur böse Geister und Moskitos, sondern auch Krankheiten." Er drückt mir ein weiteres Labatts-Bier in die Hand. „*Skol.*"

Wir haben unser Zelt vor Ernies Hütte aufgebaut.
„Schläfst du schon?"
„Nein."
„Könntest du so leben wie Ernie und Familie?"
Juliana läßt sich etwas Zeit mit der Antwort. „Ich weiß nicht, ob ich immer so leben möchte. So ohne Nachbarn, ohne einen Schwatz über den Gartenzaun..."
Trotz meines Hinweises, man könnte ja ein Funksprechgerät haben, bleibt sie in diesem Punkt kompromißlos. Für einige Zeit: ja. Für immer: nein. Ich sehe das anders...

Zum Frühstück hat Barbara, Ernies Frau, frisches Brot gebacken. Dazu gibt's Eier, Schinken und Rhabarbermarmelade.
„Der letzte Herbst war schlecht. Sonst hatten wir immer Himbeeren und Blaubeeren in Massen; im August und September letzten Jahres aber blieben sie aus. Gut, daß wir genug wilden Rhabarber hinter der Hütte angepflanzt haben."
Ich kann nur zustimmen. Mir schmeckt's prima.
Ernie kramt in einem Schuhkarton mit Fotos herum. „Hier, die sind vom letzten Winter." Er erzählt von vierzig Grad minus, von Schnee, der unter den Schneeschuhen kracht. Von der Begegnung mit wilden Tieren. Und dann diese merkwürdige Geschichte, von der ich nicht weiß, was ich davon halten soll...
Andererseits ist Ernie kein Spinner und Phantast:
„Es war Anfang des letzten Winters, so gegen November. Es hatte schon geschneit. Unser Thermometer zeigte zwölf Grad minus. Ich hatte mich in Daunen gepackt, zog los, um im Revier nach dem Rechten zu sehen. Ihr habt doch den Creek fünf Meilen unterhalb der Hütte gesehen?"

Wir nicken.

„Ich parke mein Skidoo und marschiere zur ersten Schutzhütte. Ich hatte dort einige Fangeisen aufgestellt und wollte sie kontrollieren. Da mich meine Winchester bei der Arbeit behindert, lehne ich sie an einen Baum und gehe zu den Fallen. Nach etwa...", Ernie legt dabei das Gesicht in nachdenkliche Falten, „...sagen wir gut einer Stunde komme ich zurück – aber kein Gewehr ist mehr da. Statt dessen entdecke ich im Schnee noch fast warme Bärenspuren. Ich folge ihnen bis in die Dämmerung. Dann kehre ich um. Meine Winchester aber ist seit jenem Tag verschwunden." Ernie sieht uns an, als wolle er in unseren Gesichtern lesen. „Ob ihr's glaubt oder nicht..., der Bär hat mein Gewehr geklaut!"

„Paß auf, daß der Bär nicht im Herbst Jagd auf dich macht."

Ernie kann über meine Bemerkung gar nicht lachen. Für ihn gibt's nur eine vernünftige Erklärung: Der Bär hat an der Winchester frisches Blut von abgezogenen Tieren gerochen und die Büchse als vermeintliche Beute fortgeschleppt. In einer Welt, in der die Sinne nicht benebelt werden durch halbstündlich wechselnde Nachrichten von allen Turbulenzen dieser Erde, wird sich diese Geschichte vom Vater auf den Sohn vererben. Und wenn Arne junior groß ist, wird er die Winchester-Story vielleicht am Lagerfeuer zur Belustigung seiner Zuhörer weitererzählen.

Barbara hat eine Kerze angezündet. Ein verirrter Moskito benutzt die Flamme als Landeplatz. Sein Pech.

„Es gibt 'ne Menge interessanter Geschichten hier im Norden. Kennt ihr schon die vom Trapper Carlsson?" fährt Ernie fort. Natürlich kennen wir sie nicht.

Ernie scheint das Erzählen Spaß zu machen. Man spürt das, wie er von dem alten Trapper spricht, der mit seinem Kanu oft schlafend flußabwärts trieb. Viele Jahre sei die Begebenheit her – aber die Geschichte ist immer noch lebendig. Eines Tages, Carlsson hatte gerade eine feuchtfröhliche Party bei Freunden glücklich hinter sich gebracht, erwischte ihn ein Schaufelraddampfer mitten auf dem Fluß im Schlaf. Keiner hat Carlsson seither gesehen. Wenn seit jener Nacht in einer Cabin irgendwo am Athabasca River eine Diele knarrt oder draußen im Wald Äste brechen wie von

66

schweren Tritten, sei das, sagt man, der Geist Trapper Carlssons, ruhelos auf der Suche nach seinem verlorenen Kanu.

Juliana und ich stromern abends allein durch die Baustelle hinter Ernies Blockhütte. Ich stelle mir vor, was es für Knochenarbeit gekostet hat, allein diese Baumstämme heranzuschleppen. Jedes einzelne Zubehörteil, jeder Nagel, jedes Werkzeug wurde stundenlang mit dem Frachtkanu auf dem Athabasca River hochtransportiert.
„Na, wie wär's mit einem solchen Haus?"
„Nicht gerade hier." Sie weicht mir aus.
Merkwürdig, nach all unseren gemeinsamen Reisen um die Welt hatte ich gemeint, Juliana auch so weit zu kennen. Aber ich gebe die Hoffnung nicht auf, daß ihr auch solch ein Leben eines Tages gefallen wird.

Drei tolle Typen im Delta

Eins der romantischsten Wasserfahrzeuge, die es je gab, ist das Kanu. Es hat Erzähler und Schriftsteller angeregt. Stories und Legenden rankten sich darum, beflügelten die Phantasie von Träumern. Vielleicht, weil mit dem Kanu eine oft unerfüllbare Sehnsucht verbunden ist, der Wunsch, einzutauchen in die Harmonie mit der Natur, Muße zu finden, sich ohne Druck des Gewohnten treiben zu lassen, ohne die Hektik schnell wechselnder Bilder und Eindrücke.

Die ersten Kanus der Indianer Nordamerikas werden Einbäume gewesen sein, ausgehöhlt und schwer manövrierbar. Über die Jahrhunderte verfeinerte sich die Bautechnik, entstanden leichte hölzerne Rahmen mit biegsamen Rippen, die mit großen Stücken Birkenrinde bedeckt und sorgsam abgedichtet wurden. Eine geniale Konstruktion; man war in der Lage, das leichte Boot mühelos um Hindernisse wie Stromschnellen oder Biberdämme herumzuschleppen und seinen Aktionsradius so zu erweitern.

Kanadische Waldläufer und Pelzhändler erkannten schnell den Vorteil des indianischen Kanus bei ihrem Bemühen, tief ins unwegsame Landesinnere vorzudringen. In den großen Zeiten des Pelzhandels erlangten die als *canot du maître* bezeichneten Großraumkanus eine Länge von zwölf Metern, sie faßten vier Tonnen Ladung und wurden von bis zu zwölf Voyageurs gepaddelt. Doch trotz aller Vorzüge war das Birkenrindenkanu ein kurzlebiges Boot. Im harten Einsatz der Voyageurs überdauerte es kaum ein Jahr.

Heute gibt's nur noch ganz wenige Birkenrindenkanus, hergestellt von Bastlern oder Bootsbauern, die sich ihre Kunst teuer bezahlen lassen.

Die Tage in unserem kleinen Fiberglaskanu vergehen gemächlich ohne spektakuläre Ereignisse. Wir gleiten über den Fluß, der mich manchmal an einen Spiegel erinnert, so glatt ist er, so trügerisch, daß das Spiegelbild der Wolken im Wasser realistischer erscheint als die Realität im Himmel. Nur wenn Wind aufkommt, verändert sich das Bild dramatisch.

In Höhe des Fire Back River legen wir eine Pause ein. Mächtig erscheint mir der Athabasca von unserer Nußschale aus, wie der Blick auf einen Riesen aus der Perspektive eines Zwerges.

Ich stecke die Nase in die Luft. Manchmal habe ich das Gefühl, als könne ich die Fische riechen. „Es liegt was in der Luft. Ich glaube, heute gibt's geräucherten Hecht..."

Im muddigen Athabasca River zu angeln habe ich schon vor Tagen aufgegeben. Trotz mehrerer Versuche hatte kein Fisch gebissen. Doch heute ziehe ich unsere kleine Angel aus dem Boot und befestige einen Metallblinker als Köder. Hechte sind so gierig, daß sie nach allem schnappen, was im Wasser blitzt. Nach zwanzig Minuten zappelt tatsächlich ein achtpfündiger Bursche an der Angel. Er kämpft wie ein Weltmeister, doch es nützt ihm nichts.

Als wir beim Räuchern am Lagerfeuer sitzen, kommen trotz beißenden Rauchs Tausende von Moskitos angeschwirrt.

„Die verdammten Biester gehen mit Vorliebe an die Stellen, die ich mit Mückenschutzmittel eingerieben habe!" Juliana wedelt mit einem Tuch vorm Gesicht. Erst nach Mitternacht ist unser Hecht gar, schön braun, fest und aromatisch, so wie wir ihn uns fürs Mittagessen wünschen.

Wir flüchten vor den Saugern ins Zelt. Trotz aller Tricks und Vorsichtsmaßnahmen – Juliana versucht einen Hechtsprung durch die kleine Öffnung – haben mit uns zwölf Moskitos innerhalb von Sekunden das Einschlupfloch in unser Zelt gefunden. Der Abend klingt aus mit einem großen „Halali". Im Schein der Taschenlampe gehe ich auf Moskitojagd. Von draußen dringt wahres Kriegsgeheul zu uns herein. Es müssen Myriaden sein. Langsam singen sie uns in den Schlaf.

Seit die ersten Kanumänner der Hudson's Bay Company aus Schottland Kanadas Westen erreichten, gibt's hier „Bannock". Bannock kennt im Westen jeder. Bannock backt jeder. Nach einigen Wochen ist auch bei uns Bannock am Lagerfeuer nicht wegzudenken. Bannock wurde über die Jahrhunderte zum Brot der Wildnis. Selbstgebacken natürlich. Dafür, daß bei uns ein Bannock nicht dem anderen gleicht, sorgt die Unberechenbarkeit des Lagerfeuers.

„Die Glut ist zum Backen schon heiß genug." Juliana kniet neben mir und knetet den festen Teig im Kochtopf.

Im letzten Sommer, auf unserem Weg zur Hudson Bay, hatte uns ein kauziger Einsiedler im Busch Manitobas sein Bannock-Rezept hinter vorgehaltener Hand beschrieben, als sei's sein Geheimnis: „Nimm sechs Eßlöffel Mehl, und gib Salz, etwas Zucker und Backpulver dazu. Wenn du welche hast, nimm Margarine oder Butter, aber nur, wenn du reichlich hast, es geht auch ohne. Dann hole Wasser aus dem Fluß, und rühr es drunter." Er hatte dabei geschmunzelt. „Dann hat der Teig gleich die richtige bräunliche Farbe. Knete ihn kräftig. Achte nur darauf, daß er nicht zu flüssig wird. Wickle ihn um einen Stock, drehe ihn langsam über heißer Glut, dann schmeckt der Bannock besser als das Brötchen zu Hause beim Bäcker an der Ecke."

So schön wie Bannock selbst ist für mich auch das Drumherum. Die Vorbereitung, die Konzentration aufs Gelingen, wenn man

Bannockzubereitung am offenen Feuer

langsam und möglichst geschickt den Stock dreht, ohne den kunstvoll um den Zweig gekneteten Teig zu verkohlen. Und dann das Essen: Jeder Bissen eine Belohnung. Außen feste Hülle und innen weiches Brot, noch heiß. Man lernt, sich wieder über kleine Dinge des Alltags zu freuen, über all das, was zu Hause längst selbstverständlich ist und auf Knöpfchendruck geschieht.

Unsere Stunden am Lagerfeuer seit Beginn der Tour sind länger geworden. Nicht aus Trägheit. Es ist einfach schön, diese Momente und Stimmungsbilder am Lagerfeuer zu genießen. Kaum satt, schmieden wir schon neue Pläne: „Morgen machen wir Pfannen-Bannocks." Und wir überlegen, wie wir sie zubereiten.

„Den gleichen Teig wie bei Stock-Bannocks, nur etwas flüssiger", hatte Barbara gesagt, „in die Pfanne geben und von beiden Seiten anbacken. Dann geht er prima auf." Barbara wird's wissen. Die *Nor'wester* backen ihr Brot fast alle selbst. Damals wie heute.

Gegen Mittag kommt ein schweres Motorboot auf uns zu. „*Hi, I am Larry.*"

Der Fahrer, ein Typ in rot-schwarz karierter Jacke, legt bei uns an. Er kommt gerade von seiner Hütte auf einer Insel am Athabasca Lake zurück. Wir würden was versäumen, wenn wir da nicht entlang paddelten, behauptet er. „Keine Moskitos dort – und weiße Sandstrände. Wenn ihr hier lebt, braucht ihr nicht nach Hawaii zu fliegen."

Er bückt sich und sucht in seinem Boot. „Seht euch diesen Hecht an! Hat gute zwanzig Pfund, der Bursche. Den hab' ich bei meiner Insel im See gefangen."

Er bückt sich erneut und kramt zwischen Seilen und Pappkartons auf dem Boden herum. „Fangt! Die Cola-Dosen hab' ich übrig. In Fort McMurray kann ich neue kaufen... Braucht ihr sonst noch was? Morgen fahre ich zum Athabasca-See zurück. Schätze, daß ich euch irgendwo überholen werde. Also, gebt mir euren Einkaufszettel mit."

„Eine Handvoll Eier könnten wir schon gebrauchen."

„Okay. Haltet morgen die Augen auf. Wäre doch gelacht, wenn Larry es nicht schafft, daß ihr morgen abend Rührei zum Abendessen kriegt!" Er drückt auf den Starter seines Outborders. „Bye-bye, folks!"

Wie von einer Riesenhand nach vorn gedrückt, bäumt sich das Boot auf. Unter ohrenbetäubendem Gedröhn schießt Larry mit hoch aufgerichtetem Bug den Athabasca gegen die Strömung nach Süden.

Am Nachmittag verändert sich das Wetter. Kumuluswolken, die seit Anfang des Trips wie weiße Wattebäuschchen am Himmel hingen, werden plötzlich dunkler. Ein Gewitter ist im Anzug. Frischer Wind kommt auf und entwickelt sich bis zum Abend zum Sturm. Hier und da entladen sich Regenwolken.

„Sieh dir das an, wie sich die einzelnen Wolken abregnen! Der Himmel wirkt unter ihnen wie schraffiert, und dicht daneben scheint die Sonne."

Der Wind pfeift über den Strom, reißt an unseren Hemden. Wir kommen kaum von der Stelle. Den Oberkörper nach vorn gereckt, steche ich mein Paddel ins Wasser, als wollte ich es durchpflügen. Nur mühsam kommen wir voran.

Als wir unser Boot unterhalb der Siedlung Embarras Portage vertäuen, fegt der Sturm über das weiße Sandufer wie über Dünen der Sahara. Feiner Staub liegt in der Luft, kriecht hinein, wo nur ein Spalt ist, besonders in Nase und Augen. Eine echte Notwendigkeit, hier anzulegen, hatte für uns nicht bestanden, wir waren nur neugierig gewesen.

Embarras Portage wirkt tot. Nur auf zwei Männer treffen wir. Die Atmosphäre ist etwas gespenstisch. Sand prickelt auf meiner Haut. Der Wind orgelt. Auf meine Bitte füllen die beiden Männer unsere Feldflaschen mit Wasser. Es ist eisig. Es kommt aus zehn Metern Tiefe, sagen sie. Vier einfache Hütten gibt es in Embarras Portage. An einer lese ich auf einem großen blauen Schild: „Canada Post Office."

Gegen Mitternacht dreht der Wind, pfeift scharf von Norden. Kurz darauf liegt beißender Rauch in der Luft. Wo wir hinwollen, muß ein riesiger Buschbrand wüten.

*

Die Verästelung des Athabasca-Deltas kündigt sich durch viele Wasserarme an. Der Hauptstrom selbst ist schmaler geworden. Die Uferbänke sind spärlich bewachsen mit Fichten, Weiden und einer unscheinbaren Birkenart. Alles ist hier gedrosselter als anderswo, als hätte die Natur auf Sparflamme gekocht. Ein paar Weißkopfseeadler entschädigen uns für das mir unerklärliche Fehlen lärmender Vögel. Nur einige Kanadagänse sehen wir in Ufernähe.

Der Wind wird zum Sturm, beutelt das Nordland. In Böen sind's wohl achtzig Stundenkilometer. Er scheint aus allen Richtungen zu kommen, je nach dem verzwickten Verlauf der verästelten Wasserarme des Deltas.

Kurz bevor wir die Abzweigung zum Fletcher Channel, einen Seitenarm zum Athabasca-See, erreichen, dröhnen auf der gegenüberliegenden Flußseite zwei große Motorboote Richtung Norden vorbei. Mühelos zerteilen sie das Wasser, als gäbe es den Sturm nicht. Als Kanute könnte man neidisch werden. Aber nur einen Herzschlag lang.

„Ob das wohl Larry ist?"

„Wenn er's war, gibt's keine Eier zum Abendessen."

Der Wind wirft das Gebrumm der Maschinen in unregelmäßigen Schüben zu uns rüber. Zu sehen sind die Boote schon längst nicht mehr. Nur ein Flimmern liegt über dem Wasser, wo sie verschwanden.

Kurz nach unserem Einbiegen in den Fletcher Channel reibe ich mir verblüfft die Augen. „Hey, kneif mich! Ich glaub', ich hab' Halluzinationen. Da ist doch ein Zelt!" Zwischen Büschen steht tatsächlich ein Zelt, daneben sehen wir ein rotes Kanu, ein Stück tiefer im Busch zwei Kajaks.

Wir paddeln in Richtung der Boote. Drei Männer kommen durchs Unterholz auf uns zu. Braungebrannte, kernige Erscheinungen, die in die Landschaft passen. Den ältesten schätze ich auf runde sechzig. Weißbärtig, stämmig und drahtig. Die anderen beiden sind höchstens dreißig.

Wir schütteln uns die Hände.

„Hi, I am Verlen Kruger from Michigan." Der älteste des Trios

hat Pranken, die meine fast zerquetschen. Marc heißt sein Begleiter. Dem Alter nach könnte er sein Sohn sein. Nach ein paar Worten mit dem dritten ist mir klar, keinen Ureinwohner Amerikas vor mir zu haben. Sein Tonfall klingt eher nach Berner Oberland.

„Wo bist du denn her?" Ich schiebe den Satz auf deutsch in die englisch geführte Unterhaltung.

Er stutzt. „Aus der Schweiz, aus der Gegend am Zuger See."

Mir geht ein Licht auf. Ich habe noch genau die Worte von Barbara, der Frau von Trapper Ernie, im Ohr: „In eurer Richtung ist auch ein Schweizer unterwegs. Aber der nimmt das Paddeln nicht so sehr von der sportlichen Seite. Der spielt den ganzen Tag auf seiner Flöte und jodelt."

„Sag mal, bist du der jodelnde Schweizer mit der Flöte?"

Herbie, wie Herbert hier genannt wird, feixt. Verlen und Marc sind zurückgekehrt, nachdem sie unser Kanu fachmännisch inspiziert haben. Die beiden grinsen auch.

„Was ist los? Habe ich was Falsches gesagt?"

„Willst du meine Flöte sehen?" Herbert tut etwas geheimnisvoll, so als würde er jeden Moment eine goldene Querflöte aus dem Handgelenk zaubern. „Wartet mal." Er geht zurück ins Gebüsch, dorthin, von wo der Rauch eines kleinen Lagerfeuers über den Strand kriecht.

Wenn man auf dem Globus herumkommt, bleibt es nicht aus, daß man hier und da auf echte „Typen" trifft, Originale, die sich tief in die Erinnerung fressen, so wie ein Italiener, den ich vor Jahren auf einem verrosteten Kahn zwischen den Inseln Indonesiens traf. Ein Akrobat und Zauberer, immer flott im weißen Anzug, wirkte er zwischen uns eher abgewetzten Globetrottern wie ein Gentleman. Seit mehr als dreißig Jahren war er von einem Engagement zum anderen rund um die Welt gereist. Ohne dabei freilich reich geworden zu sein. Aber er liebte sein Leben. Und ich erinnere mich an Tom, einen jungen Lehrer aus Deutschland, der den sicheren Job an den Nagel gehängt hatte, um per Anhalter durch Afrika zu fahren. Oder da war John aus Nordirland, ein Superoptimist, der mit ganzen dreißig Mark in der Tasche noch 4000 Kilometer weit reisen wollte.

74

Erinnerungen an bunte, schillernde menschliche Streiflichter hab' ich genug. Doch Herbie ist die Krone: Schiebt er da durchs Unterholz am Rande des Athabasca-Sees ein riesiges Alphorn vor sich her und grinst bis zu den Ohren! Ich schätze, alles in allem ist das Ding drei bis vier Meter lang, so wie unser gesamtes Kanu.

Herbie steht im Rauch des Lagerfeuers, das sich träge in dünnen Schichten an den Ästen der Weiden festklammert. Wie ein Magier, der aus dem Nebel steigt. „Du wolltest doch meine Flöte sehen."

Die beiden Amerikaner brüllen vor Begeisterung. Wir stimmen ein. Diesen Moment werde ich mein Lebtag nicht vergessen.

„Mann, Herbie, spiel uns einen..."

Ausgerechnet ein Alphornbläser im Athabasca-Land!

Er leckt sich die Lippen, wirft sich in die Brust, atmet tief durch, und dann tönt's durchs Athabasca-Land: dröhnend und doch sanft, getragen wie auf einer Alm am Fuße des Matterhorns. Ich wette, dies ist das erste Alphorn, das den Weg zum Athabasca-See geschafft hat.

Zum Glück hat der Wind nachgelassen. Kein Brausen liegt mehr in der Luft, keine Tierlaute. Einen Moment verschlägt's selbst den Enten das Geschnatter. Das Echo des Alphorns kommt tief und dumpf vom anderen Ufer zu uns zurück.

Donnernder Applaus. Natürlich bleibt's nicht bei einer Zugabe. Dann erzählt er, wie er auf den Bergen des Zions National Parks in Utah und im Grand Canyon Alphorn gespielt hat.

O Mann, denke ich, und du schleppst eine besonders winzige Mundharmonika durch die Gegend. Hast deine alte zu Hause gelassen, dir eine Miniaturausführung gekauft, um Platz und Gewicht zu sparen. Und dann dieses . . .

Nachdem sich die erste Überraschung gelegt hat, kommt Marc mit einer feuchten Tüte aus braunem Packpapier auf uns zu. „Das muß für euch bestimmt sein. Etwa 'ne Stunde bevor ihr kamt, hat ein Motorbootfahrer kurz angelegt und nach zwei Deutschen gefragt. Dann hat er was für euch hiergelassen."

Ich öffne die Tüte – ein Pfund Schinken und vierundzwanzig Eier sind drin. Donnerwetter, der gute Larry! Hatte er doch Wort gehalten und uns nicht vergessen.

Da wir unseren Dank nicht besser loswerden können, beschließen wir, *bacon and eggs* heute auf sein Wohl zu futtern. Die Hälfte der Eier verteilen wir auf die drei Burschen.

Die Wolken sind aufgerissen. Rot liegen die letzten Strahlen der Abendsonne über dem Land. Verlen stochert schon in der Feuerstelle, legt ein paar dicke Äste nach. Wir holen unsere schwarzen Pötte und Pfannen hervor, kramen in Vorratsbeuteln. Natürlich wandert Tee in die Töpfe. Verlen verteilt etwas Schokolade. Eine lang entbehrte Delikatesse. Bröckchen für Bröckchen lasse ich sie auf der Zunge zergehen. Wie feinen, alten französischen Cognac.

Verlens Essenszubereitung macht mich neugierig. Ich schaue ihm über die Schulter. Er hat Nudeln mit Milch vor sich, viel Käse und einige Wurstscheiben. Alles kommt in einen Topf, wird umgerührt und leicht gekocht.

„Etwas ungewöhnlich, finde ich."

Er lacht: „*You wonna taste?*"

„*Sure*", sage ich. Seitdem hat's *cheese noodles* oft bei uns gegeben.

Lange noch bleibt der warme rötliche Schein der nur dicht unter dem Horizont über Norden gen Osten wandernden Sonne am Himmel. Wir sitzen satt und faul am Lagerfeuer, so wie Leute, die ihr Tagewerk mit der Kraft ihrer Hände vollbracht und jetzt mit dem Gefühl, etwas Gutes geschafft zu haben, darauf zurückblicken. Zu Hause hatte ich eine solche Zufriedenheit in der Enge des Büros nur selten empfunden.

Dieser Abend ist einer der Höhepunkte der gesamten Tour, was bei der Fülle der Ereignisse was heißen will...

Wir kippen Unmengen dünnen und heißen Tee in uns rein und erzählen Stories. Kein Moskito ist in der Luft, auch so ein Geschenk dieses Tages.

„Das mit den Moskitos ist doch nicht so schlimm. Ist alles nur eine Frage der Gewöhnung." Mit dieser Behauptung bleibt Marc ziemlich allein. Aber er erzählt uns dazu eine nette Geschichte von dem Arktisforscher John Franklin, von dem man sagt, er habe keiner Fliege auch nur ein Härchen gekrümmt. Im wahrsten Sinne des Wortes. Eines Tages nun saß ein Moskito auf seinem blanken Arm. Groß und gierig, und er sog sich voll. Franklin ließ von seiner Arbeit ab und betrachtete das Tier eingehend. Fast behutsam blies er den Eindringling von seinem Arm und sagte: „Diese Welt ist groß genug für uns beide."

Treffen sich zwei, drei Fremde unterwegs auf den Flüssen, ist eine der ersten Fragen meistens nach dem „Woher" und „Wohin". Die nächste Frage lautet: „Wie lange bist du schon im Boot?" Wegen der aufregenden Ereignisse um das Alphorn, die alles andere hintenan gestellt hatte, kommt meine Frage heute etwas später.

„Seit zwei Jahren", sagt Verlen.

„Aber doch nicht die ganze Zeit im Boot?"

„Doch, doch, meine Paddelstrecke ist rund fünfundvierzigtausend Kilometer lang."

„Mehr als einmal um die Erde, habe ich das richtig verstanden?"

Verlen sieht mich milde lächelnd an. Die Frage wird er schon oft gehört haben. Meine Frage ist für mich der Auftakt zu der Erkenntnis, daß die vielen tausend Kilometer, die wir im Kanu hinter uns gebracht haben, doch etwas verblassen vor dem, was der „Granddaddy of all Canoe Journeys" – so nennt er sich selbst – hinter sich, und mehr noch, vor sich hat.

„1963 hat mich der *canoe bug* das erstemal gebissen, als ich mir ein Kanu in Ontario kaufte und den Sommer dort auf dem Wasser verbrachte. Der nächste große Sprung für mich war 1971, als ich mit meinem Freund Clint von Montreal zum Beringmeer paddelte. Elftausend Kilometer waren das. Seitdem weiß ich, daß dies hier meine Welt ist."

Er sieht zum Fluß, dann holt er ein bedrucktes Stück Papier aus der Tasche, mit seiner jetzigen Route und Angaben zur Person. „The Ultimate Canoe Challenge" nennt er diesen Trip. Die letzte große Herausforderung für Kanuten.

Verlen, ein Pilot des Korea-Krieges, ein Mann, der zu Hause in Michigan ein Klempnergeschäft betreibt, startete zusammen mit seinem Schwiegersohn Steven in Montana, paddelte bis Neufundland, an New York vorbei, die Atlantikküste runter, über den Mississippi, kleine und große Wasserläufe nach Manitoba und weiter, immer weiter bis hierher. Wo kein Wasser zum Paddeln war, schleppten die beiden ihre Kajaks zig Kilometer weit.

„Vor vierzehn Tagen hat Steven ein Flugzeug genommen, um mal kurz nach Hause zu fliegen. *You know*, er ist erst seit drei Jahren verheiratet." Während dieser Zeit wird Verlen von Marc begleitet, der sich dafür von Süden aus hatte einfliegen lassen.

„Und wie geht's weiter?" Ich bin wie benommen. Mir schwirrt der Schädel. Daß Verlen der wohl erfahrenste und am weitesten gereiste Paddler auf Erden ist, ist für mich klar.

„Wir wollen von hier aus hoch zum Großen Sklavensee und über den Mackenzie River zur Beaufort-See. Von da", er sieht vielsagend in die Runde, „müssen wir zu Fuß übers Gebirge zu den

Quellflüssen des Yukon. Zunächst geht's über den Porcupine zum Yukon River. Von Skagway in Alaska werden wir runde 11 000 Kilometer an der Westküste Richtung Süden paddeln, bis wir die Mündung des Colorado River erreichen."

„Und dann?" Vielleicht habe ich das letztemal vor vielen Jahren so staunend dagesessen, als meine Eltern mir, dem kleinen Jungen, von den abenteuerlichen Fahrten des kleinen Häwelmann zum Mond erzählten. Oder war's bei Robinson Crusoe oder der Schatzinsel von Stevenson?

Verlen streicht sich über den Bart. „Danach", sagt er, „kommt das, was wir die *Impossible Voyage* nennen."

„Die unmögliche Reise, wieso?"

„Den Colorado River wollen wir gegen die Strömung hoch bis zur Quelle paddeln. Natürlich wird's da viele Portagen geben. Aber dann ist's ja nicht mehr weit bis nach Haus in Michigan."

Mann, ich kenn' da eine Menge Typen, die sind zu schlaff, abends ihren Dackel Gassi zu führen. Und dann kreuzt da dieser Verlen eines Tages deinen Weg, ein Kanu-Opa, der aber sicher seinen Großsöhnen in Sachen Ausdauer und Drahtigkeit 'ne Menge vormacht und zeigt, daß mit dem Rentenbescheid noch längst nicht alles vorbei ist. Ich zweifle nicht daran, daß Verlen und Steven es schaffen werden. Und wenn, dann ist das ein Weltrekord.

„Und warum machst du das alles, Verlen? Für die Publicity – oder des Abenteuers wegen? Euer Trip ist doch reif fürs Buch der Rekorde."

Verlen lächelt. „Die große Show interessiert mich nicht. Wenn ich mal eine Story an Zeitungen verkaufen kann, um Geld zu verdienen, ist das okay. Na ja..., und gegen Abenteuer hab' ich auch nichts einzuwenden. Die Freiheit ist mir aber das wichtigste. Und die hab' ich beim Reisen im Kanu gefunden."

„Soll ich nicht noch einen Pott Tee machen?" Die anderen nikken. Es ist inzwischen dämmrig geworden. Der rote Schein des Feuers huscht über die Gesichter.

Wie das wohl sein wird, wenn Verlen zurückkehrt? Ob er nach der Ruhe über den Flüssen mit dem Lärm und der Hektik des Alltags wieder zurechtkommt? Ist es so was wie eine Flucht vor Problemen oder vor dem Druck des menschlichen Miteinanders? Manch einer läuft auch vor sich selbst davon. Ich stelle diese Fragen an diesem Abend nicht. Sie hätten ihm vielleicht etwas von seinem Glamour genommen. Ein-, zweimal hab' ich mir die gleiche Frage schon selbst vorgelegt. Ohne darauf allerdings eine abschließende Antwort zu finden. Daß es Verlen und Steven in Michigan irgendwann wieder zu eng sein wird, spüre ich schon jetzt. Ich gieße heißen Tee in die Becher.

Verlens Versorgung ist nicht schlecht. Fast jede Woche findet er Futterpakete von seiner Frau auf irgendwelchen vorher festgelegten Buschpostämtern entlang der Flüsse vor.

„Und was sagt deine Jenny zu Hause zu deinem Trip?"

„Die hat sich schon lange daran gewöhnt."

Vermutlich wird ihr auch nichts andres übrigbleiben. Nordlandfieber ist nicht zu bremsen, geht unter die Haut wie ein Stachel. Ein Monat auf dem River kann wie eine Einstiegsdroge sein. Vielleicht weiß Verlens Jenny das . . . In diesem Moment bin ich besonders glücklich darüber, daß Juliana dabei ist, all die großen Abenteuer und kleinen Alltäglichkeiten mit mir zu teilen.

Der Schein des Feuers tanzt über unsere Gesichter. Älter als sechzig Jahre ist Verlen, ein Alter, in dem manch einer die Hände in den Schoß legt. Sieben Kinder hat er und siebzehn Enkel. Ein ungewöhnlicher Großvater.

Es geht auf Mitternacht zu. Wir kriechen in die Zelte, nachdem wir uns voneinander verabschiedet haben. Verlen und Marc wollen sehr früh schon aufbrechen. Mit Herbie tauschen wir noch Anschriften aus.

„Bis nächstes Mal, irgendwo in Europa."

„Bestimmt, irgendwann treffen wir uns." Er bläst auf unsere Bitte noch einmal in die Nacht hinein. Dröhnend liegt das vielfältige Echo des Alphorns über dem Athabasca-Land.

Noch zwei Stunden später liege ich putzmunter im Zelt. Zusammentreffen wie diese beflügeln meine Phantasie. Je mehr ich reise, um so mehr möchte ich noch erleben. Und wenn solche Geschichten erzählt werden, brennt in mir das Reisefieber besonders schlimm. Wen einmal der *canoe bug* gebissen hat . . .

Aus Verlens Zelt dringt Schnarchen zu uns rüber. Juliana neben mir, tief in den großen US-Armee-Daunenschlafsack gekuschelt, schläft auch schon. Es raschelt auf dem Wasser. Wasservögel scheinen sich irgendwo zu streiten. Kurze Zeit liegen schrille Töne in der Luft. Dann wird's ruhig wie zuvor. Ich schlafe darüber ein.

Juliana erzählt mir am anderen Morgen, der fidele Herbie sei schon um vier Uhr aufgebrochen, Verlen und Marc um sechs. Ich habe kein schlechtes Gewissen, zuzugeben, daß wir morgens genüßlich und ohne Termindruck am Feuer sitzen und Schinken mit Eiern futtern. Wir sprechen dabei über die letzte Nacht und . . . das Reisen. Ich erzähle Juliana von meinen Gedanken, Träumen und davon, daß dieser Tour bestimmt noch viele Kanutrips folgen werden.

„Warte man ab. Zweieinhalbtausend Kilometer liegen noch vor uns. Man soll den Tag nicht vor dem Abend loben."

Sie legt dabei den Arm um mich. Manchmal betrachtet sie die Dinge so unheimlich nüchtern . . . und holt mich damit zurück auf den Boden der Tatsachen.

Wolken überm Sklavenfluß

Keine Wolke bedeckt den tiefblauen Himmel, ungefiltert brennt die Sonne auf uns ein. Am Horizont stehen graue Rauchwolken eines nicht allzu fernen Buschfeuers.

Der Fletcher Channel zum Athabasca-See ist eng und gewunden. Ich habe die Orientierung auf meiner Karte verloren. Das ist kein Grund zur Besorgnis. Die Strömung wird uns in jedem Fall zum See bringen. Alle Wasser hier haben letztlich nur ein Ziel: das Mackenzie-River-Delta an der Beaufort-See. Daß das auch unsere Richtung ist, beruhigt.

Die Vegetation wird spärlich. Schmale Kanäle von links und rechts, Sumpfstellen und feine Creeks machen das Gewirr der Wasserverästelungen unübersehbar. Mehrmals laufen wir mit dem Kanu auf Sandbänke auf. Was der Athabasca River auf seinem langen Weg von den Rockies im Jasper National Park mit sich geschleppt hat, lädt er hier im Delta ab.

Vier Stunden später erreichen wir das Ende des Fletcher Channel, kurz drauf den See. Da es noch immer windstill ist, beschließen wir, die nächsten elf Kilometer über offenes Wasser bis Fort Chipewyan in Angriff zu nehmen. Man hatte uns gewarnt, der Athabasca-See könne bei Sturm gefährlich werden... Aus einer zügigen Paddelei wird allerdings nichts. Ständig kratzen wir mit dem Kanu über Sandbänke. Schließlich steigen wir aus und ziehen das Boot mehr als eine halbe Stunde durchs knietiefe Wasser.

Fort Chipewyan, Ziel und Ausgangspunkt vieler Voyageurs-Brigaden über mehr als hundert Jahre, liegt am Westende des Sees. Auf seiner anderen Seite, im Nordosten und Süden, hängen riesige Rauchschwaden am Himmel. An manchen Stellen sehen sie aus, als hätten Auswüchse in Form von Atompilzen die Rauchwände durchbrochen.

Auf einer Felseninsel, die mich an die runden Granitfelsen des „Kanadischen Schilds" im Osten erinnert, bauen wir unser Nachtlager. Dann probieren wir Verlens *cheese-noodle*-Rezept aus. Wir sind uns einig, lange nichts Besseres gegessen zu haben.

Vereinzelt dröhnen Motorboote Richtung Fort Chipewyan über den See. Sie sind die einzigen Transportmittel hier, von Flugzeugen abgesehen.

Es bleibt hell bis nach Mitternacht. Ein paar Möwen kreischen. Der Mond zieht als dünne Sichel über den Himmel. Ganz leise klatschen winzige Wellen ans Ufer unserer Insel.

Als ich am anderen Morgen unser kleines Radio anstelle, hören wir über CBC (Canadian Broadcast Corporation) die Nachricht, daß der Weltenpaddler Verlen Kruger Fort Chip gerade verlassen hat. Verlen hatte mir gesagt, daß er vom Schlafsack quasi ins Boot steige, ohne Frühstück, nicht mal 'nen heißen Schluck Tee nimmt er zu sich . . . Für mich wär' das nichts, denke ich.

Nach dem Frühstück stromere ich über unsere kleine Insel. Überall liegen gebleichte Knochen herum. Später erfahren wir, daß hier im Sommer Schlittenhunde ausgesetzt werden und dann das Betreten der Insel nicht ungefährlich sei.

Die Überfahrt von unserer Insel bis zum Ort ist kurz. Fort Chip war mal einer der bedeutendsten Plätze des Westens. An diesem Morgen wirkt das Nest jedoch wenig ansprechend. Vielleicht auch deshalb, weil der Wind über Nacht gedreht und den Rauch ferner Buschfeuer zu uns getrieben hat. Alles wirkt grau, Häuser wie Himmel und der Wald. Ein scharfer Geruch von Verbranntem liegt in der Luft.

Auf einem großen Schild oberhalb Fort Chipewyans lese ich, daß die Siedlung einst der reichste und wichtigste Handelsposten Nordwest-Amerikas war. Ursprünglich vom Pelzhändler Alexander Mackenzie auf der entgegengesetzten Seite des Athabasca-Sees errichtet, verlegte die North West Company ihren Handelsposten im Jahre 1800 hierher. Nach 1820 und dem Zusammenschluß von North West und Hudsons's Bay Company spielte Fort Chipewyan eine Hauptrolle im Pelzhandel für mehr als hundert Jahre. Heute ist Fort Chip auch stolz darauf, ältester durchgehend besiedelter Ort der Provinz Alberta zu sein.

Gemeinsam bummeln wir durch die Siedlung. Viele Häuser und Holzhütten der Indianer sind vernachlässigt. Vorgärten oder gepflegte Anlagen gibt's nicht. Manche Nordlanddörfer sehen aus, als hätten die Siedler ihre Hütten just da gebaut, wo ihnen gerade der Sinn danach stand. Trotz allem wirkt Fort Chip noch etwas freundlicher als La Loche.

Gegenüber dem geschlossenen Laden der Hudson's Bay Company steht ein altes Café, ein windschiefer Kasten mit der Aufschrift *Athabasca Café*. Ich gleite mit den Händen über den Rest rissiger Farbe auf dem Holz. Ob das Café schon stand, als die Voyageurs hier durchpaddelten? Ob da einst Honky-tonk-Pianos zum Gesang der Kanumänner hämmerten?

Wir schauen ins Büro der Wood-Buffalo-National-Park-Verwaltung rein. Der Ranger, ein hilfsbereiter Bursche, geht bereitwillig auf unsere Wißbegier ein. Offensichtlich hat er auch 'ne Menge Zeit. Was wir hören, regt mich an, den nahegelegenen Wood Buffalo Park kennenzulernen:

„Über eine Million Enten, Gänse und Schwäne machen hier im Herbst auf ihren Zügen gen Süden Zwischenlandung. Die Grenze

Die stattlichsten Gebäude von Fort Chipewyan. Missionare folg-
ten den Pelzhändlern auf dem Fluß

des Nationalparks beginnt nur wenige Kilometer westlich von Fort
Chip. Doch der Park ist nicht nur ein Eldorado für Ornithologen –
besonders für Kranichforscher und -freunde –, sondern für alle,
die auf eigene Faust entdecken wollen, wie Nordamerika noch vor
hundertfünfzig Jahren zwischen Montreal und den Rocky Mountains ausgesehen hat. Damals, als Millionen wilder Büffel über das
Land zogen."

Dieser Gedanke stand seinerzeit auch hinter der Schaffung des
Nationalparks von der Größe Niedersachsens. Im Jahre 1893 war
die Zahl der Waldbisons, dunklere und größere Tiere als die der
südlichen Prärien, auf weniger als fünfhundert Stück dezimiert
worden.

„1922 wurde Wood Buffalo National Park gegründet", fährt der Ranger fort. „Einige Präriebüffel wurden importiert. Die Tiere vermehrten sich rasch im Schutz der Parkverwaltung. Mittlerweile leben rund sechstausend wood buffalos hier." Anders als in den meisten anderen Nationalparks Kanadas darf die indianische Bevölkerung innerhalb der Parkgrenzen leben, Fallen stellen und jagen.

Das klingt in meinen Ohren nach Lederstrumpf-Romantik. Ich bin gespannt, was wir zu sehen bekommen. Der Ranger dämpft meine Erwartung: „Daß ihr auf Bisonherden stoßt, ist unwahrscheinlich. Vom Slave River aus habt ihr kaum eine Chance, über die hohen Uferbänke zu sehen." Er hebt eine Hand. *„Good luck!* Und genießt den Trip."

Wir stromern noch ein wenig durch den Ort. Den alten Bus von Charly Flat finden wir nicht, allerdings haben wir auch nicht sonderlich danach gesucht. Als wir in Fort Chipewyan ablegen, kommt's mir vor, als hätte ich ein Stück Geschichte betreten und mit eigenen Händen befühlt. Hier spielten sich Szenen ab, die später die Phantasie von Hollywood-Produzenten und Schriftstellern anheizten.

Der Ausfluß des Lake Athabasca bis zu der Stelle, an der sich seine Wasser mit denen des Peace River vermischen, heißt Rivière des Rochers. Von da an bis zum Großen Sklavensee trägt der muddige Strom den Namen Slave River, Sklavenfluß, benannt nach den Slavey-Indianern.

In den nächsten Tagen können wir nur schwer unterscheiden, ob der Himmel wolkenverhangen ist oder ob es Rauch- oder Dunstschwaden sind, die die Welt in soßiggraue Nebel tauchen. An manchen Tagen versinkt die Sonne schon um siebzehn Uhr im Dunst. Konturen der Landschaft zeichnen sich kaum noch ab. Der Blick reicht nicht weiter als zweihundert Meter.

Gegen Mittag des 2. Juli halten wir an, um unsere steifen Knochen zu recken. Ich mache ein paar Lockerungsübungen und lasse flache Steinchen über den Fluß tanzen, daß das Gegenlicht sich im spritzenden Wasser wie in winzigen Edelsteinen bricht. Da raschelt es hinter mir. Keine zehn Meter entfernt tummelt sich ein Fuchs. Bis auf wenige Meter läßt mich der zutrauliche Bursche an sich rankommen. Entweder ist er noch zu jung, oder er hat in seinem Fuchsleben noch keine schlechten Erfahrungen gemacht.

Ansonsten wird der Tag wie in einem Nebel in meiner Erinnerung hängenbleiben. Nicht, daß er unerträglich langweilig war, nur grauweiß war er, von der Bootsspitze bis zum Horizont, diffus und konturenlos. Ich vermerke im Tagebuch: „2. Juli: Unser Tagespensum an Paddelei liegt heute bei neun Stunden. Der Rivière des Rochers ist ein Fluß ohne spektakuläre Höhepunkte. Seine Strömung ist mäßig, viel langsamer als die des Athabasca River. Wir ziehen unsere Hüte tiefer ins Gesicht, da das weiße Licht uns blendet. Nach den letzten heißen Tagen tut unserer Haut der Schatten sicher gut. Bei den wenigen Gelegenheiten, bei denen ich meinen Rasierspiegel zur Hand nehme, stelle ich fest, daß mein Gesicht tiefbraun ist. Ich habe tiefe Falten um die Augen. Das sind nicht nur Krähenfüße, das sind schon Adlerkrallen."

Gegen Nachmittag erreichen wir den Zusammenfluß des grauen Rivière des Rochers mit dem noch muddigeren Peace River. Der Peace ist einer der mächtigsten Flüsse Albertas. Nach dem Chaos der Ströme komme ich mir vor wie auf einem langgezogenen, unendlichen See. Eine silbergraue Straße, ständig in Bewegung, eine Straße mit Leben, selbst in der tiefsten Einsamkeit. Es gluckst, plätschert, kreist. Es vermischt und trennt sich. Nicht eine Sekunde des Trips habe ich hier das Gefühl der Verlassenheit. Irgendwo am Ende dieses silbernen Bandes liegt ein Dorf namens Inuvik, eine Siedlung im Mackenzie-Delta. Unser Ziel. Daran denke ich jetzt. Aber ganz ohne Nervosität und Hektik. Wir haben Zeit, dorthin zu kommen, viel Zeit.

Abends entdecke ich oberhalb des Flusses ein Blockhaus. Endlich Abwechslung. Ich bin neugierig und möchte es erkunden. Wir legen an. Am Ufer kreuzen wir frische Bärenspuren. Auf dem Weg zur Cabin wirble ich ganze Moskitovölker im Unterholz auf, von denen sich Dutzende an meinen freien Armen festsaugen.

Das Blockhaus selbst ist halb zerfallen. Blumen wachsen aus den Wandbalken heraus. Das einst gegen arktische Temperaturen in die Ritzen zwischen die Stämme gepreßte Moos ist längst herausgebröckelt.

Vorsichtig tasten wir uns in die Hütte. In der Mitte des Fußbodens ist ein Loch. Ich vermute, daß es der alte Vorratskeller ist. An einer Wand hängt an einem langen rostigen Nagel eine von Jahrzehnten zerfressene Jacke. Ein Milchpulverbehälter, schätzungsweise Jahrgang 1910, und verbeulte Backpulverdosen liegen in der Ecke. Sammler würden sich hier die Hände reiben.

Während Juliana draußen nach winzigen Erdbeeren Ausschau hält, setze ich mich auf einen halb zerbrochenen Tisch. So also sieht die mit Patina versehene Realität aus. In dieser und anderen solcher Blockhütten haben sich die Geschichten meiner Jugendträume abgespielt.

Später am Abend paddeln wir weiter. Gespenstisch ist das Land in seiner milchigen Verschwommenheit. Kleine Felsinseln tauchen plötzlich im Fluß auf. Auf einer von ihnen toasten wir unsere gestern vorbereiteten Bannocks und bestreichen sie mit Bratenschmalz.

Nach dem Essen durchfahren wir die Primrose-Stromschnellen. Keine Probleme. Danach ist der Fluß mehr als achthundert Meter breit. Wir paddeln zügig und gleichmäßig. Kein Laut ist zu hören, kein Lüftchen geht. Über uns zieht ein Adler seine Kreise.

Nachts beginnt es unvermittelt aus dem Grau über uns zu regnen. Aus dem Schauer entwickelt sich ein kräftiger Landregen. Es ist das erstemal seit unserem Start, daß wir naß werden. Bald schüttet es wie aus Eimern. Ich stelle fest, daß unser Spritzdeck doch nicht so dicht ist, wie wir dachten. Gegen Mitternacht kriecht die Feuchtigkeit auch durch die Nähte unserer Regenmäntel. Aber wir paddeln weiter. Wenn man schon naß ist, ist einem manches egal. Ich beobachte, wie Regentropfen auf dem Wasser aufplatzen, kleine Kreise hinterlassen und verschwinden. Millionenfach wiederholt sich das. Es macht Spaß zuzusehen. Ein Rauschen liegt in der Luft vom Prasseln des Regens auf den Strom. Als wir die Demicharge-Stromschnellen erreichen, beschließen wir, die Nacht hier zu verbringen. Ich suche einen freien Fleck fürs Zelt. Ohne Erfolg. So befahren wir die Stromschnellen trotz später Stunde.

Nach diesem 18-Stunden-Tag sind wir beide todmüde. Wir wollen nicht mehr weiter. Es gelingt uns, einen flachen Felsvorsprung über dem Fluß zu erreichen. Ein ideales Camp. Ich baue unser Zelt auf und sammle triefnasses Holz. Zum Glück finde ich einige große Stücke Birkenrinde. Mit dem leicht brennbaren Plunder kriegen wir trotz Nässe schnell ein gutes Feuer in Gang. Juliana sagt, ihr sei kalt. Wir kriechen dichter an die Flammen.

Es geht auf zwei Uhr morgens zu, als unsere Bohnen endlich gar sind. Regen prasselt immer noch auf uns nieder. Wenn er die Haut berührt, fühlt es sich an wie feine Nadelstiche. Den Rücken dem Regen zugewandt, schaufeln wir heiße Bohnen in uns hinein. Langsam tauen wir auf.

Wir krabbeln ins Zelt und rubbeln uns mit einem trockenen Handtuch gegenseitig ab, bevor wir fast nackend in die dicken Schlafsäcke kriechen. Bald schon ist mir phantastisch warm. Wir schlafen wie die Murmeltiere.

Gastfreundschaft und Pelikane

Der Sklavenfluß ist die einzige Verbindung zwischen zweien der mächtigsten Seen West-Kanadas, dem Athabasca-See und dem Großen Sklavensee. Mehr als fünfhundert Kilometer schlängelt sich der Strom durch ein Land, das die Bezeichnung Wildnis verdient, sieht man einmal davon ab, daß der Highway 5 im Wood Buffalo National Park den Fluß stellenweise berührt.

Läßt man die winzigen Siedlungen Hay Camp, Salt River und Fort Fitzgerald außer Betracht, gibt's am Ufer des Flusses nur einen Ort: Fort Smith, ein für die Gegend bedeutsames Verwaltungszentrum.

Von Fort Smith bis Fort Resolution am Südende des Großen Sklavensees sind's für Kanuten noch runde zweihundertachtzig Kilometer *easy going*, eine beschauliche Flußreise, bei der Probleme und Tücken des Wassers nicht zu erwarten sind.

Die ersten Weißen, die hier durchzogen, waren 1786 zwei Pelzhändler namens Leroux und Grand. Drei Jahre nach ihnen machte sich Alexander Mackenzie auf gleicher Route zu seiner legendären Forschungsreise zum Eismeer auf.

Unsere Tage auf dem Sklavenfluß vergehen ohne besondere Veränderungen und Ablenkungen, ohne all das, was die Turbulenz des Lebens zu Hause ausmacht. Nur die Launen der Natur sind's, die für Abwechslung sorgen. Von Fort Fitzgerald am Nordende einer Serie berüchtigter zwanzig Kilometer langer Stromschnellen trennen uns nur noch siebzig Kilometer.

Der Regen hat aufgehört. Vermutlich hat er auch die Buschbrände gelöscht. Wie weggewischt ist der Rauch. Starker Wind geht, Luft und Fluß sind gleichermaßen aufgewühlt. Erstmals seit langem ist der Himmel wieder strahlendblau, mit kleinen Wolken, die wie im Zeitraffertempo über uns treiben.

Um 23 Uhr auf dem Sklavenfluß, und immer noch scheint die Sonne

Auffällig sind nach wie vor kleine runde Inseln im Fluß, wie spitze, aus dem Wasser gereckte Buckel. Viele sind meterdick mit Treibholz bepackt. Oft beginnt der Treibholzgürtel erst drei Meter über der Wasserfläche, ein Hinweis, daß nach der Schneeschmelze der Wasserspiegel viele Meter höher ist als jetzt. Wenn Treibholz den Zugang zum Land auch manchmal erschwert, ein Gutes hat's: Feuerholz ist nie rar.

Der Wind hat an Stärke zugelegt. Kleine Wellen lecken wie Zungen über unser Kanu. Wir laufen auf Caribou Island zu, eine markante Felsinsel, die wie eine Festung im kilometerbreiten Fluß steht. Um dem starken Gegenwind ein Schnippchen zu schlagen, paddeln wir auf einem Seitenkanal im Windschatten der Insel.

Am frühen Nachmittag mache ich am Flußufer einige Hütten aus. „Ob das Nest Fort Fitzgerald ist?" Ich beuge mich über meine Karten. Fort Fitzgerald ist auf den meisten Westkanada-Karten als Ortschaft eingezeichnet. Sollte es wirklich nur aus drei mobilen Wohntrailern und zwei kleinen Häuschen bestehen? „Komm, laß uns anlegen. Das muß es sein. Wenn wir weiterpaddeln, gibt's Kleinholz."

Nur ein kleines Stück weiter müßte der Beginn der Cassette-Stromschnellen sein, gefolgt von den Pelikan- und den Mountain-Stromschnellen und „Rapids of the Drowned", den Stromschnellen der Ertrunkenen. Da sie alle von erfahrenen Wildwasserexperten zur schwierigsten Kategorie gezählt werden, haben wir nicht vor, sie mit unserem schwerbepackten Kanu zu befahren.

„Vielleicht gibt's irgendwo einen hilfreichen Geist, der uns mit seinem Truck um die Stromschnellen herumkutschiert."

„Sieht mir eher nach einer *ghost town* aus. Da wohnt doch keine Menschenseele. Ist alles verriegelt und verrammelt."

„Und was machen wir dann? Noch mal zwanzig Kilometer Portage?" Juliana ist von dieser Aussicht nicht begeistert.

„Laß uns erst mal aussteigen." Ich ramme das Paddel in den Uferschlamm. Juliana, die als erste aussteigt, versinkt bis zum Knie im klebrigen Morast. Wir erreichen zwar das feste Ufer, sehen aber beide aus wie die Ferkel.

Fort Fitzgerald hat in der Tat nicht viel zu bieten. Alle Behausungen sind verschlossen, kein Mensch ist zu sehen. Ein paar Kettenhunde heulen.

Wir setzen uns ins Gras und beratschlagen, als ein grüner *pickup truck* von der Straße her durch den Ort rumpelt und vor uns hält. Ein Klotz von Mann steigt aus. Eine Frau und zwei kleine Kinder sehen neugierig aus dem Wagenfenster.

„*Hi, folks*, wo soll's denn hingehen?" Na ja, angesichts unseres Kanus gibt's eigentlich nur einen Weg. Aber bevor ich antworten kann, fährt er fort: „*By the way*, mein Name ist Pat, das ist meine Frau Terri, und die beiden Kleinen sind David und Real."

Wir machen uns miteinander bekannt. Die vier sind aus Fort Smith und nur mal kurz vorbeigekommen, um die Schlittenhunde von Terris Eltern zu füttern. Jeden zweiten Tag kriegen sie eine große Ladung Trockenfutter. Terris Vater ist Trapper.

„Dad hält nichts von Schneemobilen. Er bleibt seinen Huskies treu. Allerdings ist auch 'ne Menge Arbeit damit verbunden." Terri lacht. „Vor allem für uns, wenn Dad nicht zu Hause ist."

Pat rät uns, aus den Stromschnellen heraus zu bleiben. Erst vor drei Tagen sei Terris siebzehnjähriger Cousin wenige Kilometer unterhalb unseres Platzes ertrunken.

Die beiden bieten uns einen *lift* samt Gepäck und Boot bis nach Fort Smith unterhalb der *rapids* an. „Wenn ihr wollt, könnt ihr gern ein, zwei Tage bei uns wohnen. Unser Haus ist zwar einfach, aber Platz haben wir genug."

Manchmal denke ich, daß ich mir beim Reisen noch immer zu viele Gedanken mache, zuviel im voraus plane. Man sollte sich einfach treiben lassen, offen sein für spontane Veränderungen und Angebote. Wie hier. Dabei kommen, abseits aller Detailplanungen, die tollsten Begegnungen und Erfahrungen raus. Hätte mir vorher einer gesagt: Setz dich da oben am Rande der Arktis ins Gras und harre nur der Dinge, die auf dich zukommen werden. Innerhalb von zehn Minuten wirst du einen *lift* haben, dazu Kost und Logis – ich hätte ihn für verrückt erklärt.

Die Straße nach Fort Fitzgerald ist ein Seitenarm des Mackenzie Highway, einer Straße, die im Süden in Grimshaw beginnt und sich bis Yellowknife und Fort Simpson am Mackenzie River hinzieht. In seiner Verlängerung, dem Liard Highway, kann man neuerdings sogar von hier aus den Alaska Highway erreichen.

Pat rollt von der Straße runter auf einen Seitenweg, von wo aus wir einen schönen Blick auf die zwei nördlichsten Stromschnellen haben. Sosehr mich das Befahren der *rapids* gekitzelt hätte, ich genieße das Bild von hier oben, das weite grüne Land, den breiten Fluß dazwischen mit weißen Schaumkämmen und roten Felsen, an denen sich das tosende Wasser bricht.

„Vielleicht gibt's das alles nicht mehr, wenn ihr das nächste Mal hier vorbeikommt." Pat berichtet von konkreten Planungen, den Sklavenfluß in diesem Bereich zu stauen, um den energiehungrigen Süden mit Strom zu versorgen. „Kannst du dir in diesem herrlichen Tal große Staudämme vorstellen, Masten mit schweren Überlandleitungen, Ortschaften und ein Dutzend Straßen? – Ich nicht! Und ich will's mir auch nicht vorstellen . . ."

Ich schweige. Ich habe so was schon zu oft gesehen, um meine Phantasie besonders anstrengen zu müssen.

Während unsere Frauen mit den Kindern auf Beerensuche gehen, erzählt mir Pat, was es für viele seiner Verwandten und Freunde bedeutete, wenn der Staudamm käme: „Verlust der Existenzgrundlage. Die meisten von ihnen sind Trapper unten am Fluß. Steigt das Wasser, wandern Biber, Bisamratten und die anderen Pelztiere ins Land hinein und damit raus aus ihrer *trapline*. Und die Folge? Sie werden ein Fall für die Wohlfahrt. Oder sie tauschen ihr Trapperleben gegen die Schubkarre eines Bauarbeiters ein." Ich folge Pats Blick, sehe, wie er ein Streifenhörnchen beobachtet, das aufgeregt zwischen zwei Baumstämmen umherläuft. Seine großen Sprünge werden begleitet durch ein hektisches „Tschick! Tschick! Tschick!"

„Und warum das alles? Damit noch mehr Strom abgegeben werden kann an die USA, damit die Leuchtreklamen zwischen Seattle und New York möglichst rund um die Uhr brennen können."

Wir schweigen. Dann nehme ich Pats Fernglas und sehe runter zum Strom. In dem kleinen Ausschnitt, den mir der Feldstecher freigibt, brodelt es. Als wäre der Sklavenfluß am Kochen.

Ich denke an Trapper Ernie am Athabasca River. Hatte er nicht das gleiche gesagt? „Wie lange noch, bis die großen *companies* unser Leben im Busch umkrempeln werden?"

Fort Smith erreichen wir mit dem Auto bald danach. Offiziellen Angaben zufolge hat der Ort knapp 3000 Einwohner. Zwar erfreuen sich diese im Juli einer mittleren Temperatur von 22 Grad im Schatten, im Januar müssen sie aber mit Durchschnittswerten von 31 Grad unter dem Gefrierpunkt rechnen.

Für den, der über den Sklavenfluß von Süden kommt, ist die Stadt, deren Gründung auch auf die Hudson's Bay Company zurückgeht, das Tor zu Kanadas Nordwestterritorien, ein Land der Superlative: Diese Provinz allein hat die dreizehnfache Größe der Bundesrepublik Deutschland, aber nur knapp 50 000 Einwohner, so viele Menschen wie in einem Vorort meiner Heimatstadt. Ein Gebiet fast ohne Straßen, mit Orten, die sich leicht an zwei Händen abzählen lassen. Ein Eldorado für Prospektoren, Minen- und Erdölgesellschaften. Aber noch immer ein Land, in dem sich Bär, Karibu und Wolf gute Nacht sagen.

Pat hält beim „Tourist Information Office", wo wir nach Karten vom Sklavenfluß-Delta fragen. Man sucht zwar lange danach, kann uns aber letztlich nicht helfen. An einem Tisch in der Ecke des Office steht eine Kaffeemaschine mit Gratiskaffee für Besucher. Selbst an eine Dusche für alle, die staubig nach langer Reise hier ankommen, hat man gedacht.

Mir fällt auf, daß die meisten, mit denen wir ins Gespräch kommen, mächtig stolz auf ihren Ort sind. Pat hatte uns schon in den ersten fünf Minuten vorgeschwärmt, Fort Smith sei der grünste und gepflegteste Ort der Nordwestterritorien. Und einer der interessantesten dazu.

In den gut hundert Jahren seiner Existenz gab's in der Tat ein paar historische Höhepunkte: so 1898, als eine Handvoll Goldsucher auf dem Weg zum Klondike Fort Smith als Zwischenstopp wählte. Später landete hier „Punch" Dickens, der erste Pilot, der Kanadas Arktis überflog, auf seinem Pionierflug, und „Wop" May, ein bekannter Buschpilot, machte seinen ersten Luftpostflug in die Territorien über Fort Smith.

Verglichen mit dem, was jeden Abend über bundesdeutsche Fernsehschirme flimmert, mag all das eher bescheiden sein, doch für die knapp 3000 Einwohner hier, in einer Welt, in der Sensationen Seltenheitswert haben, sind das herausragende Ereignisse.

Wir fahren zum Haus von Pat und Terri. Die beiden räumen ihr Schlafzimmer, damit wir es uns bequem machen können. Sie selbst legen sich zwei Matratzen im Wohnzimmer vor den Fernseher.

„Nie schlafe ich besser als beim Fernsehen", behauptet Pat. Die ganze Nacht will er die Kiste laufen lassen. Ein Programm aus Britisch-Kolumbien kann er empfangen, und für zwanzig Dollar pro Monat kommt Kabelfernsehen ins Haus; damit gibt's Spielfilme rund um die Uhr.

Nachdem wir unser Gepäck abgeladen haben, finden wir uns in der Küche zusammen. Pat hat Hunger. Er habe meistens Hunger, sagt er. In einer riesigen chinesischen Pfanne kocht er uns etwas Chinesisches. Sagt er. Was dabei herauskommt, sieht eher nach Spaghetti Bolognese aus, schmeckt aber recht gut. Sein größtes Hobby nach dem Kochen sei das Essen, behauptet Pat. Er habe es dabei auf hundertzwanzig Kilo Lebendgewicht gebracht.

Wenn er nicht ißt oder kocht, arbeitet Pat als Erzieher im örtlichen Kindergarten für milieugeschädigte Indianerkinder. Eigentlich, sagt er, habe er da als Koch angefangen. Aber eines Tages hätten sie einen Erzieher gebraucht. Und so habe er den Job gewechselt. Früher habe er alles mögliche gemacht, mal hier, mal da, auch als Trapper, danach einige Jahre auf einem Küstenwachschiff auf dem Mackenzie River.

Sowohl Pat als auch Terri haben einen Schuß Indianerblut in den Adern. Sie sind stolz darauf. Terris Vater ist stellvertretender Vorsitzender der Meti(Halbblut)-Association. Beide sprechen gern von „indianischer Medizin", den Geheimnissen des Medizinbeutels und davon, daß im Leben alles im Kreis verlaufe.

„Ganz einfach", Terri bringt's auf einen Nenner, „wenn du Gutes tust, widerfährt dir Gutes." Ich finde, das ist eine gute Grundeinstellung. Und sage das auch.

„Heute nachmittag, als wir euch beiden den Lift hierher gaben, ging ich in den Laden des Dänen und kriegte unversehens eine Jacke für Real geschenkt."

Ich hoffe, Terris Glaube an diese unmittelbare Wechselwirkung bleibt ihr erhalten. Manchmal beneide ich die mit dem Blick eines Kindes. Mir scheint, im Busch gibt's mehr davon als anderswo.

Abends laden Pat und Terri uns zu einer Spritztour durch Fort Smith ein. Wir schauen kurz beim eingewanderten Holländer Jacques van Pelt vorbei, einem freundlichen Mann mit langer Zipfelmütze, der mit Schlauchbooten Wildwassertouren durch die Stromschnellen unternimmt. Als wir zurückkommen, setzen wir uns mit großen Bechern voll heißem Kaffee in den Garten. Kinder lärmen noch auf der Straße, obwohl es auf Mitternacht zugeht.

„Sag mal, Pat, wie kam's eigentlich zu der Bezeichnung ‚Stromschnellen der Ertrunkenen'? Was steckt hinter dem Namen?" frage ich.

„Es ist gut hundertfünfzig Jahre her, als eine Gruppe von Pelzhändlern mit mehreren Kanus den letzten Abschnitt der Stromschnellen erreichte. Da ihnen der Fluß nicht vertraut war, machten sie aus, ein Kanu mit den erfahrensten Voyageurs vorauszuschicken. Diese Männer sollten den sichersten Weg durch die Stromschnellen erkunden." Pat hält einen kurzen Moment inne. „Ihr müßt wissen, das war ein Himmelfahrtskommando für die Burschen im ersten Boot. Sie hatten nur ein hauchdünnes Birkenrindenkanu, und da sind jede Menge scharfer Felsen im Fluß. Sei's drum... Man hatte ausgemacht, daß ein Schuß abgefeuert werden sollte, sobald eine sichere Durchfahrt gefunden sei. Die Voyageurs legten ab, konnten sich aber nicht über die beste Route durch die Stromschnellen einigen. So gingen sie an Land, um das brodelnde Wasser von einem hohen Felsen zu überblicken.

Ja, und da sah einer von ihnen eine Schar Gänse. Schon seit Tagen hatten sie nichts Anständiges mehr in die Bäuche gekriegt. Der Voyageur dachte in diesem Moment nur ans Essen. Anlegen, Zielen und Schießen war wie eine Bewegung... Die Zurückgebliebenen hörten den Schuß und sahen das als das vereinbarte Zeichen an. Sie stiegen in ihre Kanus. Fünf von ihnen fanden den Tod..."

Pat macht eine lange Pause.

„Seitdem heißen die Stromschnellen ‚Stromschnellen der Ertrunkenen'."

In der Nacht heulen die Hunde, machen einen Höllenlärm.
Letztlich heulen sie auch uns in den Schlaf.

Früh am Morgen fahren uns unsere Gastgeber zu den „Pelikan-
Stromschnellen". In einem Informationsblatt über den Sklaven-
fluß hatte ich gelesen, hier sei der einzige Fluß-Nistplatz weißer
Pelikane auf Erden, mitten auf einer Insel. Das gab den „Pelican
Rapids" den Namen. Ich bin erstaunt, überhaupt am Rande der
Arktis Pelikane anzutreffen. Mehr als zwanzig der großen Vögel
kann ich schon von weitem mit bloßem Auge erkennen.

Auf der Suche nach Detailkarten vom Delta des Sklavenflusses
klingeln wir auf dem Rückweg den örtlichen Schulmeister aus
dem Bett. Er empfängt uns im Nachthemd. Karten hat auch er
nicht.

Beim „Forest Department" kopiert man uns letztlich Luftauf-
nahmen des Deltas mit dem „Nagle Channel", einem Seitenarm
des Flusses und gleichzeitig die Abkürzung, die wir befahren wollen.

„Wie viele Tage habt ihr bis Hay River am Großen Sklavensee
veranschlagt?"

Ich überlege kurz. Hay River, das wäre etwa Halbzeit für uns
auf dem Riesensee. „So zehn bis zwölf Tage."

Der Forest Officer schmunzelt. „Mit dem Auto sind's drei
Stunden. Wenn ihr wollt, helfe ich euch, jemanden zu finden, der
euch einen Lift mit seinem Truck gibt."

Ich weiß, daß mit dem Highway 5 die direkte Route zwischen
hier und Hay River gewählt wurde. Rund zweihundertzwanzig
Kilometer sind's über Land. Auf dem Sklavenfluß und dem sich
anschließenden See ist's mehr als doppelt so weit.

Junge, du bist verrückt, wenn du das Angebot ablehnst, schießt
es mir durch den Kopf. Ich sehe zu Juliana rüber. Sie blättert in einer Broschüre über die Wälder Kanadas. Völlig unbeteiligt an unserem Gespräch, wie es scheint. Kein Interesse, soll das heißen.
Vielleicht, weil sie weiß, daß ich nach einer schnellen Autofahrt
später nur unzufrieden sein würde.

96

Der Athabasca River entspringt in den majestätischen Rocky Mountains.

Letzte Reisevorbereitungen vor der 3500 km langen Kanutour

Buschtaxis landen im Winter im Schnee und im Sommer auf Flüssen. Der Ruf der Buschpiloten ist legendär.

Gekentert in den Ramparts des
Mackenzie River. Die Kameraausrüstung ruiniert, Lebensmittel
und Pfeifentabak pitschnaß.

Juliana auf dem Sklavenfluß. Nicht selten paddeln wir sieben Stunden am Tag.

Die Mitternachtssonne vergoldet das Nordland.

Lagerfeuerromantik am Athabasca River

Brotbacken am Lagerfeuer. Auf einen Laden der Hudsons Bay Company treffen wir nur alle 14 Tage.

Ein Hareskin Indianer zeigt Juliana seinen Fang. Ein Teil davon wird er an die Schlittenhunde verfüttern.

Pelikane am Sklavenfluß

Die schwache Mitternachtssonne verzaubert unser Camp auf einer kleinen namenlosen Insel mitten im Fluß.

Recht hat sie. Zeit haben wir genug, dazu Massen von Lebensmitteln und ein Boot. Schließlich sind wir zu diesem Kanutrip aufgebrochen, um Natur und Abenteuer zu erleben, nicht Asphaltstraßen. Aber einen Moment habe ich geschwankt.

Als Terri und Pat uns samt Ausrüstung zum „Bell Rock" bringen, zu dem früher, als es noch eine Eisenbahnverbindung von Süden nach Hay River gab, die vom Athabasca River kommenden Frachtkähne um die Stromschnellen herumtransportiert wurden, erzählt uns Pat eine seiner Storys. Er zeigt dabei rüber zu einem Eichhörnchen, das naseweis an einem unserer Lebensmittelbeutel schnuppert. „Als ich etwa acht Jahre alt war, zog ich eines Tages mit der Flinte meines Vaters los und schoß ein Eichhörnchen. Ich war ganz stolz und zeigte es Daddy. Der aber war nicht stolz auf mich. Ich werde nie vergessen, wie er sagte: ‚Töte nie ein Tier nur zum Vergnügen'. Er befahl mir, das Eichhörnchen zu essen. Ich tat es."

Ein Blick in die Vergangenheit: verlassene Trapperhütte am Sklavenfluß

Die nächsten Stunden, die Juliana und ich nach herzlichem Abschied im Kanu sitzen, vergehen wie im Fluge. Wir sind belebt durch den kurzen Besuch in Fort Smith. Der Rest des Tages schließt sich nahtlos an die vorangegangenen Höhepunkte an. Die Abendsonne scheint von vorn, nur eine Handbreit über dem Wasser stehend, so daß wir die Augen zukneifen müssen. Sie läßt das Grün des Waldes goldbraun schimmern. Meine Hände am Paddel, rissig mit dunklen Rändern um die Nägel vom Hantieren am Lagerfeuer, leuchten wie Bronze.

Der nächste Tag hat's in sich – und nicht nur, weil ein Ostpreuße mit Motorboot und über Jahrzehnte kultiviertem ostpreußischem Akzent aus Fort Smith uns einlädt, beim nächsten Besuch unbedingt bei ihm reinzuschauen. Gegen Abend verdunkelt sich der wolkenlose Himmel ohne Vorwarnung, bis er fast schwarz ist.

Ein Helikopter dröhnt im Tiefflug über den Fluß gen Norden. Vermutlich ist es die Feuerbekämpfungs-Crew auf dem täglichen Patrouilleflug. Der Forest Officer hatte uns davon erzählt. Dabei hatte er uns einen Tip gegeben: „Falls ihr je in Not geratet, baut drei rauchende Feuer im Dreieck. Das ist der übliche Hilferuf. Ihr könnt sicher sein, irgend jemand sieht euch von oben."

Die lange Nacht am Riesensee

Etwas Bedrückendes lastet auf dem Land, eine bleierne Atmosphäre und gespenstische Dunkelheit – wie die Ruhe vor dem großen Sturm. Eine trügerische Stille, die nur so lange dauert, bis die Wucht des Windes wie eine flache Hand aufs Wasser klatscht. Wenige Minuten trennen uns noch von diesem Moment.

Ich schätze Sportlichkeit beim Paddeln, auch Draufgängertum... Irgendwo oder irgendwann aber kommt der Punkt, den man besser meiden sollte. Wer in der Natur unterwegs ist und ihre Signale nicht kennt, hat schlechte Karten. Das gilt für jedes Abenteuer: im Gebirge, auf dem Ozean oder in einer Nußschale auf dem Sklavenfluß Richtung Eismeer.

„Laß uns anlegen. In zehn Minuten geht's hier rund."

Über angeschwemmte Baumstämme klettere ich das Ufer hoch in den Wald. Mit meiner knapp meterlangen Machete hacke ich niedriges Gebüsch ab, rolle einen morschen Baumstamm zur Seite und schaffe Platz fürs Zelt. Dabei quält mich eine ungeheuerliche Insekteninvasion, die auf hinterhältigste Weise versucht, mich um mein Blut zu erleichtern. Noch immer geht kein Windhauch. Schweiß läuft mir den Rücken runter. Ein Knistern liegt in der Luft.

Ich sammele gerade Feuerholz, als das Gewitter mit einem Paukenschlag über uns hereinbricht. Mit solcher Wut prasselt Regen auf die Fichten, daß ganze Zweige auf uns herabhageln. Ich versuche hinter Juliana ins Zelt zu kriechen, als mich ein Krachen im Gebüsch stoppt.

Langsam drehe ich mich um. Ein Schwarzbär! Einer von der stattlichen Sorte. Und keine fünf Meter von mir entfernt.

Verdammt, kein Gewehr dabei! Und keine Möglichkeit zu fliehen!

Der Sturm rast. Die Wellen auf dem Fluß sind gut einen Meter hoch. Um uns undurchdringlicher Urwald, zugewachsen, mit übereinanderliegenden toten Bäumen und tiefem Moos, daß man über die Knöchel versinkt. Eine Flucht ist unmöglich. Sinnlos dazu. Bären sind allemal schneller.

Indianer hatten mir einmal gesagt: „Schrei nicht, wenn ein Bär auf dich zukommt, mach ihn nur nicht nervös! Sing dir einen, oder rede beruhigend auf ihn ein." Aber mach das mal, wenn dein Herzklopfen lauter ist als dein eigenes Wort!

Ich rufe leise. Aber der Bär sieht und hört mich nicht. Vollauf mit sich beschäftigt, gräbt er in einem morschen Stamm nach Ameisen. Der Wind rast in den Büschen. Ich klatsche in die Hände. Er sieht hoch, verharrt kurz und... trollt sich. So, als wären wir nicht da. Vielleicht hat er uns als Eindringlinge nicht ernst genommen.

Lebensmittel in solch einer Situation im Zelt zu haben kommt einer Einladung zum Selbstmord gleich. Die Faustformel des Voyageurs lautet: Was duftet und aromatisch ist, gehört nicht ins

Zelt. Bären, nach langem Winterschlaf ausgehungert und fast rund um die Uhr auf Futtersuche, gehen jedem verlockenden Duft nach. Krümel eines Abendessens unter der Luftmatratze können so zum Verhängnis werden.

Mein Tip: Lebensmittel weit weg vom Menschen lagern. Auch das Kanu ist kein idealer Platz. Hungrige Bären haben schon Blockhütten verwüstet, ein dünnes Boot wird sie nicht aufhalten. Und mit zerschmettertem Kanu in *the middle of nowhere* zu sitzen ist alles andere als erstrebenswert. Wenn wir unsere Vorräte nicht zwischen Bäumen aufhängen können, verstauen wir sie unter Plastikplanen am Ufer. Wir sind gut dabei gefahren.

Unser Bär läßt sich diese Nacht nicht wieder blicken. Trotzdem kriechen wir hungrig in die Schlafsäcke. Sicher ist sicher.

Zwei Tage später, am 14. Juli, hat Juliana Geburtstag. Ich wecke sie mit „Happy Birthday to you" und scheuche gut zehn prallgesoffene Moskitos auf. Dabei hätte ich wetten mögen, bei meiner abendlichen Jagd alle Biester erwischt zu haben.

Unser Frühstück fällt zur Feier des Tages sehr üppig aus: Haferflocken mit Trockenobst, Milch und Nüssen. Danach Schinken mit Eiern auf Toast.

In etwa hundert Meter Entfernung hat sich ein Adler auf einer Fichte niedergelassen. Während ich ihn beobachte, steigt er mit schwerem Flügelschlag auf, zieht noch zweimal über uns hinweg und schraubt sich in die Lüfte.

Wenn's um die Platzsuche fürs Nachtlager geht, bin ich sehr wählerisch, fast mäkelig. Glatt soll der Platz sein wegen des Zeltes, dazu mit guter Sicht über den Fluß. Und ein Creek für sauberes Trinkwasser sollte auch in der Nähe sein. An diesem Abend aber ist kein anständiger Platz zu finden. Endlich, nach mehr als neuneinhalb Stunden Paddelei, taucht eine kleine weiße Insel im Strom auf: das Geburtstagsgeschenk, ein Traumplatz!

Es geht schon auf Mitternacht zu, als meine Geburtstagsüberraschung fertig ist: ein in der Pfanne gebackener Kuchen, belegt mit Nüssen und einer Handvoll Beeren! Zu Hause hatte ich nie zuvor

Kuchen gebacken. In der Wildnis entdecke ich auf einmal große Freude an kleinen Alltäglichkeiten und eine bislang bei mir nicht beobachtete Kreativität.

Von ferne hallen Tierlaute durch den Wald. Während am gegenüberliegenden Ufer langsam die Sonne sinkt, taucht auf unserer Seite der Mond als weiße Scheibe am Horizont auf. Ein Bild, wie ich es in dieser Kombination nie zuvor erlebt habe. Wir sitzen und lauschen in die Nacht hinein. Dies ist der wunderbarste Fleck, um Geburtstag zu feiern.

15. Juli: „Heute wollen wir den Großen Sklavensee erreichen", notiere ich morgens ins Tagebuch.

Der Tag läßt sich so perfekt an, wie die vergangene Nacht endete. Wir paddeln an kleinen hellen Sandinseln mit leuchtendgrünem Weidenbewuchs vorbei. Der Fluß selbst mäandert träge in vielen Kehren zum Delta. Gegen Mittag finden wir den Abzweig zum „Nagle Channel", schmal, allenfalls zwanzig Meter breit, mit starker Strömung. Üppig, fast wie ein tropischer Urwald, reicht der Wald bis ans Wasser heran.

Es ist gegen Abend, als in kurzem Abstand hintereinander sechs große Eulen von links nach rechts über den Fluß ziehen. Man kann nun nicht von mir sagen, ich sei ein ängstlicher Typ und zugänglich für Hokuspokus. Aber nachdenklich werde ich in diesem Moment schon. Um Mitternacht kreuzt die siebte Eule unseren Weg. Wieder dieselbe Richtung. Sieben – eine magische Zahl. Was hat das zu bedeuten?

Auf den Flüssen habe ich viel Zeit zum Nachdenken. Eine Muße, die mir die Umstände zu Hause nicht ließen, vielleicht auch, weil ich sie nie gesucht habe. An diesem Abend im Kanu, eingewoben in eine Mischung aus fahlem Mondschein und hellem Abendrot, gehen mir viele Gedanken durch den Kopf. Einer streift Verlen, den *Grandpa of all canoe journeys*. Ich beginne ihn immer besser zu verstehen. Mir ist, als würde mich dieses weite Land aufsaugen. Ein Empfinden, das immer bestimmender wird, je länger ich hier bin.

Wir erreichen das Ende des Deltas. Ein Biber zieht durchs Wasser, einen großen Busch mit den Zähnen hinter sich herschleppend. Der Vollmond schimmert durch die Weidensträucher, auf der Nordseite des Großen Sklavensees taucht die Sonne ins Wasser wie ein Feuerball.

„Weißt du noch, wie uns der Forest Officer einen Dreistundentrip von Fort Smith nach Hay River angeboten hat?" Julianas Stimme klingt verträumt. „Wenn wir mitgefahren wären, hätten wir dieses Bild nie gesehen."

Ich krame meine Kamera hervor und versuche den Moment festzuhalten, soweit das überhaupt möglich ist. Die Kamera kann zwar Farben konservieren, die Realität dokumentieren, aber ist ein Foto in der Lage, die Stimmung eines solchen Augenblickes wiederzugeben?

„Schnell, die Kamera, da – Kanadagänse!" Juliana deutet aufgeregt zum Himmel. Gut dreißig Meter vor uns ziehen Wildgänse vor dem Rot des Himmels über den See. Kein Schrei ist zu hören, nur das kräftige Rauschen ihrer Schwingen.

Dort, wo sich der „Nagle Channel" in den Großen Sklavensee ergießt, haben Ablagerungen der Jahrhunderte riesige Sandbänke geschaffen. Wir müssen aussteigen und das Kanu hinter uns herziehen. Keine Welle, nicht der leiseste Windhauch stört die Vollkommenheit des Bildes, die Harmonie der Elemente.

Um die Windstille zu nutzen, beschließen wir, die Nacht durchzupaddeln. Ein Jahr zuvor sei ein junger Deutscher allein auf dem Riesensee im Boot unterwegs gewesen, hatte man uns erzählt. Einige Leute von Fort Resolution hatten noch hinter ihm her gewinkt und *good luck* gerufen. Dann war ein Sturm gekommen ... Keiner hat ihn seitdem wieder gesehen. Der große Sklavensee kann tückisch sein ... Eine windstille Nacht auf einem sechshundert Kilometer breiten See aber ist wie ein Geschenk des Himmels.

Links von uns steht der Mond, dessen matt glänzendes Spiegelbild still auf dem Wasser ruht. Sobald die Bugwelle unseres Bootes das Bild erreicht, durchläuft es ein kurzes Rütteln, um kurz darauf in alter Vollkommenheit neu zu entstehen. Rechts, etwa dort, wo

102

Über Sandbänke zieht Juliana das Kanu um Mitternacht in den Großen Sklavensee

weit entfernt Yellowknife, die Hauptstadt der Nordwestterritorien, am nördlichen Seeufer liegt, glüht das Nachtrot mit einer Beständigkeit, wie sie nur der Nordlandsommer zustande bringen kann.

Von Fort Resolution dringt Geheul von Schlittenhunden zu uns. Unheimlich hallt es über den See. Dazu lacht ein *loon*. Es ist gegen zwei Uhr morgens, als das Gekreisch einiger Betrunkener von der Siedlung über das Wasser dringt. Es kommt mir vor wie eine Entweihung dieses Moments. Zum Glück wird's bald wieder ruhig.

Ich beginne zu singen. Ganz leise. Juliana stimmt ein. Im Gleichtakt klatschen die Kanupaddel ins Wasser. Ich wünsche mir, bis in alle Ewigkeit so weiterpaddeln zu können. Am Himmel huschen vereinzelt hauchdünne Leuchtstreifen vorbei, unverkennbar

Nordlicht, das – dünn wie Gaze und durchsichtig wie feiner Nebel – über den dunkler werdenden Nordlandhimmel gaukelt.

Gegen vier Uhr morgens werden wir hungrig. Ein Eishauch liegt über dem See. Es gelingt Juliana, Mützen, Pullover, Jacken und Handschuhe in unseren Ausrüstungssäcken zu finden. Vorsichtig ziehen wir die Sachen über. Eine ungeschickte Bewegung kann das Boot zum Kentern bringen. Zusammengekauert im Boot essen wir kalte Bannocks. Ich bin erschöpft. Auch Julianas Bewegungen sind langsamer geworden. Ich habe Halluzinationen. Es kommt mit vor, als hätte ich Geister über den Wassern tanzen sehen. Ich schüttle ein paarmal kräftig den Kopf. Dann wird's besser. Als die Sonne endlich aufgeht, umklammern meine eisigen Hände das Paddel, als wär's ein Teil meines Körpers.

Gegen acht Uhr erreichen wir das Ende einer großen Bucht bei Little Buffalo River. Juliana bewegt sich wie in Trance. Seit unserem letzten Camp sind wir mehr als siebzehn Stunden gepaddelt. Ich baue unser Zelt auf, ohne auf Unebenheiten des Bodens zu achten – nach dieser Nacht schlafe ich in jeder Stellung! Trotz Müdigkeit zünde ich ein kleines Feuer an und brate Schinken. Während der letzten Stunden auf dem Wasser hatte ich Visionen von *bacon and eggs* gehabt.

Das Frühstück wird gut, nur leider einsam. Juliana ist beim Ausrollen der Schlafsäcke eingeschlafen.

Kanadas Nordwest- und Nunavutterritorien, vergleichbar mit der Größe Indiens, zählen zu den unberührtesten Wildnisgebieten unserer Erde. Auf der knapp 3,4 Millionen Quadratkilometer großen Fläche liegen ungezählte Seen, kleine und große Flüsse, Gebirge, Täler, arktische Küsten und riesige Tundren.

Ellesmere Island, der nördlichste Ausläufer des Nunavut Territory, nähert sich bis auf wenige Kilometer der Grenze Grönlands. Vom Mackenzie-Delta, im Westen des Northwest Territory, ist es nur ein Sprung nach Alaska.

The sixtieth parallel, so was wie ein Schlagwort, umreißt die Grenze zum Nordland der unbegrenzten Möglichkeiten. Der 60. Breitengrad ist die Linie, die, wie mit dem Lineal gezogen, den politischen Trennstrich zwischen den südlichen Prärieprovinzen Alberta, Saskatchewan und Manitoba markiert.

Wasser gibt's in den Territorien reichlich: Großer Bären- und Großer Sklavensee sind die größten nassen Flecke in diesem Teil der Welt.

Der See unter unserem Kanu ist glasklar. Ich fahre mit der Hand hindurch, schöpfe, soviel es geht, und trinke einen Schluck. Manchmal denke ich, es ist ein Privileg, in solch einer sauberen Umwelt zu leben. Yellowknife, die Hauptstadt der Territorien, mit 18.000 Einwohnern, liegt gut 150 Kilometer nördlich von hier.

Es ist heiß. Wir paddeln mit freiem Oberkörper, was ein paar Pferdebremsen zu freudigen Angriffen beflügelt. Ein Gleißen liegt über dem See. Ich kneife meine Augen zusammen. Dieser Sommer wird viele Falten bringen …

Hitzewelle im kalten Norden. Wir paddeln oben ohne.

Da wir schon tagelang keine Wäsche mehr gewaschen haben, befestigen wir Hemden, Unterwäsche und Socken an einer Schnur und ziehen sie hinter unserem Kanu durchs Wasser.

Nach siebenstündiger Paddelei erreichen wir eine auf meiner Karte als „Ile du Mort" bezeichnete Landzunge. Trotz des wenig gastlichen Namens entpuppt sich der Platz als zauberhafter Fleck. Windstill und heiß ist es. Weißer, feiner Sand bedeckt das Ufer. Möwen kreischen grell. Würde ich die Augen schließen, könnte ich glauben, irgendwo am Mittelmeer zu sein. Diese Vorstellung ist gar nicht mal ganz abwegig: Fort Simpson, am oberen Mackenzie River gelegen, konnte vor Jahren eine Rekordtemperatur von 36 Grad im Schatten verzeichnen.

Fast zwei Monate sind wir jetzt in der Wildnis. Je länger wir unterwegs sind, um so mehr Spaß macht mir das Paddeln. Auch der rein physische Ablauf. Unsere Oberkörper sind muskulöser als je zuvor. Hart und fest liegen meine Hände am Holz. Viele tausend Male stoßen wir die Paddel in den See, jeden Tag aufs neue. Ein ungemein befriedigender Job. Auch wenn der eine oder andere mal die Nase voll hat.

Die Hände sind rissig geworden, von Sonne, Wind und Wasser. Unsere Gesichter haben ein dunkles Rotbraun angenommen. Manchmal ist die Haut geschwollen, gelgentlich aufgedunsen, wenn eisige Winde sie wie Klingen ritzen.

Wir singen mehr als je zuvor. Singen vertreibt die Müdigkeit . . . Und hatten nicht die fidelen Voyageurs auch gesungen?

Am 17. Juli kommt Wind auf. Wir paddeln trotzdem und singen: *Five hundred miles away from home.* Wenn auch die wirkliche Distanz nach Haus mehr als das Zehnfache ist, mir fehlt nichts. Ein *arctic loon* nähert sich bis auf fünfzehn Meter, eine Seltenheit. Die Taucher sind sonst sehr scheu. Gegen Mittag stellen wir das Singen ein; von nun an werden wir alle Puste zum Paddeln brauchen. Ein steifer Nordwest bringt den See in Wallung. Ich bin froh, daß wir keine allzu großen Sprünge über freies Wasser zu machen haben. Immer wieder gibt's rettende Inseln, Landzungen.

Manchmal folgen wir auch dem unebenen Verlauf des Ufers. Am Nachmittag werden die Wellen zu Wogen und zu großen Rollern.

Auf einem Giganten wie dem Großen Sklavensee in einer Nußschale unterwegs zu sein ist für uns beide Premiere. Und dann noch bei Sturm! Als wir den Trip planten, hätte ich für undenkbar gehalten, bei diesem Wellengang noch im Boot zu sitzen. Und jetzt macht's mir sogar Spaß.

Schaumkronen haben sich auf den Wellen gebildet. Unser Kanu tanzt. Mal sehe ich Julianas Konturen vor mir gegen den blauen Himmel, mal unter mir vor Wellenbergen. Nachmittags wird Juliana seekrank. Zum Glück legt sich das bald.

Nicht weit von uns holt ein Mann in einem großen Boot Fischernetze ein. Der Fischreichtum des Großen Sklavensees ist immens: Allein die Fischfangquote für Hay River beträgt rund 2 Millionen Kilo Fisch pro Jahr. Das meiste davon ist *white fish*, gefolgt von Seeforellen, teilweise mit Rekordgewicht.

Der Wind steht günstig für uns. So kommen wir trotz starken Seeganges zügig voran. Als der Wind gegen Abend noch zunimmt und Brecher über unser Spritzdach rollen, legen wir an. Die vergangenen Tage mit Hitze und Sonnenbrand sind nur noch eine schöne Erinnerung. Der Wind kommt jetzt von Nordosten und ist eisig.

Zwischen Tausenden angeschwemmter Baumstämme finde ich auf einer Sandbank einen windgeschützten Zeltplatz. Über dem See haben sich währenddessen schwarze Wolkengebirge aufgebaut. Beim Feuerholzsammeln wird mir auf einmal schwindelig. Ich setze mich hin. Das Paddeln rund um die Uhr war doch wohl etwas zuviel. Zudem schmerzt mein Handgelenk. Juliana klagt, ein Finger sei völlig taub.

Der Sturm hält auch den nächsten Tag an. *Never mind*. Bei Nordlandkanuten gilt die Faustformel: Paddle, solange Fluß und See ruhig sind. Du wirst noch Zeit zum Ausruhen kriegen, wenn Sturm und Regen dein Zelt beuteln.

Wir verbringen den ganzen Tag auf unserer Sandbank. Juliana sagt, daß es ihr „Haustag" sei, und ist schon am frühen Vormittag beim Waschen und Ausbessern der Ausrüstung. Ich arbeite unser

Tagebuch auf. Mittags schneiden wir uns gegenseitig die Haare. Am Nachmittag entdecke ich, daß Mäuse einen unserer Vorratssäcke angefressen und unser letztes Stück Schokolade einen Meter fortgezogen, angeknabbert und im Gras versteckt haben.

Ich bin sauer. Juliana lacht. Sie schlägt vor, zum Ausgleich einen Zuckerkuchen zu backen. „Okay", sage ich, „stell schon mal den Backofen an. Aber bitte den Zuckerkuchen mit viel guter Butter und ordentlich Zucker."

Sie läßt sich von meiner schlechten Laune nicht anstecken und beginnt mit den Vorbereitungen. Nachdem mein Mäusezorn verraucht ist, bin ich ihr behilflich.

Aus Lehm und Steinen baue ich einen ca. 40 Zentimeter hohen Backofen und schaufle Berge heißer Glut vom Lagerfeuer hinein. Aus Metallfolie, die wir zum Garen von Fischen mit uns führen, bastelt Juliana eine Kuchenform und knetet den Teig hinein. Gut eine Stunde später bin ich bereit, zu wetten, mein Lebtag keinen besseren Zuckerkuchen gegessen zu haben.

Den See haben wir inzwischen vergessen. Auf einem großen angeschwemmten Baum sitzen wir nebeneinander und freuen uns wie die Kinder.

„Was würden deine Kollegen von früher sagen, wenn sie dich hier sehen würden, wie du zufrieden wie ein Kind ‚backe, backe Kuchen' machst?"

Ehrlich . . ., mir ist's in diesem Moment völlig egal.

Großer Bahnhof – Hay River

Der Sturm tobt auch am dritten Tag. Nur kurz krieche ich morgens um sieben aus dem Zelt, sehe über den See und krabble in meinen Schlafsack zurück. Das gleiche wiederholt sich um acht und um neun Uhr. Dann gebe ich es auf und bleibe liegen. Es ist gegen Mittag, als irgend etwas im Busch dicht hinter unserem Zelt laut knackt. Vorsichtig sehe ich aus der Zeltöffnung . . . geradewegs ins Gesicht eines kapitalen Elchs!

Am frühen Nachmittag beschließen wir, trotz des Sturmes aufzubrechen. Der See spielt noch immer verrückt, so als wüßten die Wogen nicht, wohin sie rollen sollen. Es ist wie Wellenreiten. Ich bin mir darüber klar, alles auf eine Karte gesetzt zu haben: Ausrüstung, Pässe, Geld und Kameraausrüstung – kurzum, all unsere Werte sind im Boot. Aber eine innere Unruhe, endlich über den See rüberzukommen, treibt mich an.

Als wir abends an Land gehen, vermute ich, daß wir kurz vor Hay River sind. Mehrere kleine Flugzeuge dröhnen über uns hinweg, im Norden ein sicheres Zeichen, daß eine Siedlung nicht weit ist. Nachdem wir unser Nachtlager errichtet haben, höre ich im Radio die Ansage: „This is Radio Hay River." Die Musik ist flott, aber die Moderation hölzern. Bereits bei der Durchsage seiner Radiostation kommt der Mann ins Stottern. Als er beim Wetterbericht von *beautiful weather und blue skies* spricht, sehe ich zum Himmel. Genau wo Hay River ist, liegt eine bedrohliche Gewitterfront. „Der Moderator hat wohl schon gestern seinen Text für heute auswendig gelernt."

Später hören wir, daß der Radiosender in einer Schule untergebracht ist und jeden Tag ein anderer Bürger von Hay River die Ansage übernimmt. Irre Sache! Ein echter Dorfsender.

Der Ort Hay River liegt im Herzland der „Slavey Indians" und hat quirliges Leben in die Einsamkeit gebracht. Noch vor zweihundert Jahren unterschied sich der ruhige Alltag der fischenden und jagenden Slavey-Indianer nicht allzusehr vom Leben ihrer Vorgänger, der „Langspeer", die diese Gegend schon vor gut 7000 Jahren besiedelten. Dann, gegen 1854, erschien Hay River erstmals auf den Karten der Pelzhändler, zunächst als Handelsposten der Hudson's Bay Company, ab 1893 als anglikanische Missionsstation. 1964 kam Hay Rivers große Stunde: Die neue Eisenbahnlinie von Roma in Süd-Alberta nahm ihren Betrieb nach hier auf. Bis heute ist dieser Schienenstrang die Lebensader der dreieinhalbtausend Einwohner zählenden Gemeinde geblieben. Ein weiterer Impuls Anfang der siebziger Jahre, als man von einer Öl-Pipeline durchs Mackenzie-Tal nach Hay River sprach, versickerte im Sande, als diese Pläne zu den Akten gelegt wurden.

Noch immer jagt ein kräftiger Wind über den See. Das Wasser ist aufgewühlt, glättet sich jedoch sofort, als wir die Öffnung des Hay River, nach dem der Ort benannt ist, erreicht haben. Gleich in der Mündung stoßen wir auf Dock- und Werftanlagen. Schwere Schleppkähne liegen am Ufer vertäut.

„Das nenn' ich ein echtes Kontrastprogramm. Eben noch sind wir im Kielwasser der Pelzhändler gepaddelt, und ein kleiner Knick im Routenverlauf reicht schon, uns in die Gegenwart zurückzuholen."

Wir paddeln flußaufwärts, vorbei an hölzernen Landungsstegen, an denen Wasserflugzeuge parken. Ein alter Mann pumpt Wasser aus den Schwimmkufen einer Chessna.

„*Morning, Sir!* Wie weit ist's bis zum Ort?" fragen wir.

Er sieht erst auf Juliana, dann auf mich, so wie einer auf die Männchen vom Mond blickt. „Rund drei Meilen bis *downtown.* Man hat den Ort flußaufwärts gelegt." Er bietet uns an, unser Kanu an der Chessna festzuzurren. „Ich fahre mit dem Wagen sowieso in den Ort. Wenn ihr wollt, könnt ihr mitfahren."

Wir machen unser Boot fest und folgen ihm ins Office der „Landa Airline", ein Familienunternehmen, das auf Charterflüge spezialisiert ist.

Ein junger Bursche bringt heißen Kaffee. Daß wir etwas abgewetzt wirken, stört offenbar nicht. Der Terminal der Landa-Airline hat mit dem Frankfurter Flughafen sowieso wenig gemein.

„Wenn kein neuer Sturm losbricht, könnt ihr heute allemal bis zum Beaver Lake kommen."

Ich wiege den Kopf. Als ich ihm sage, daß 7 Kilometer pro Stunde auf dem Riesensee schon 'ne gute Paddelleistung sind, lacht er.

„Als Pilot bin ich andere Geschwindigkeiten gewöhnt." Seit Jahrzehnten fliegt er „alle Arten von Flugzeugen". Während er das sagt, sieht er uns von der Seite an: „Tut mir leid, euch sagen zu müssen, daß ich während des Zweiten Weltkrieges auch einige Bomben über Deutschland abgeladen habe."

Gelegentlich fliegt er noch für seinen Sohn, dem die beiden Flugzeuge der Airline gehören. Feste Routen gibt's für ihn nicht. „Heute nach Yellowknife, morgen vielleicht nach Fort Smith."

In seinem kleinen Truck nimmt er uns mit nach Hay River, wo wir Lebensmittel einkaufen. Der Ort wirkt nicht besonders ansprechend. Alles ist neu oder im Entstehen. Wie ein greller Farbklecks wirkt die „Diamond Jennes High School". Das Gebäude wurde auf Wunsch der Schüler knallig lila angepinselt.

Als wir an der alten Missionsstation vorbei auf den See zurückpaddeln, haben wir siebzehn Kilo mehr Lebensmittel im Kanu, davon fünf Kilo Kartoffeln.

Während der nächsten zwei Tage staune ich immer, wie der See sein Gesicht verändert. Morgens türmen sich ausdrucksvolle Wolkenberge am Horizont, mittags scheint die Sonne aus blauem Himmel, abends liegt weiches, dunstiges Grau über dem See. Außer den Stimmen der Natur hören wir keinen Laut. Nur Möwen lärmen immer. Die ständige Begleitmusik unserer Tage aber ist das vertraute Klatschen der Kanupaddel aufs Wasser.

Der Große Sklavensee ist spiegelglatt, als wir Desmarais-Point erreichen. Irgendwo in der Nähe muß der Ausfluß des Sees sein. Es fällt mir schwer, im Gewirr von Buchten und Inseln den Beginn des letzten großen Flusses unserer Reise und gleichzeitig Kanadas mächtigsten Strom, den Mackenzie River, auszumachen.

Wir legen an Desmarais-Point an. Wenn uns auch Wildnis umgibt, herrscht doch über uns lebhafter Betrieb. Drei Flugzeuge brummen in kurzer Zeit nach Norden.

„Die Passagiere haben bestimmt noch in Hay River gemütlich Kaffee getrunken und sind dann frisch gewaschen und frisiert ins Flugzeug gestiegen."

„Und zwei Stunden später sind sie im Mackenzie-Delta."

Der Voyageur braucht dafür einen Monat. Manchmal ist diese Vorstellung für mich desillusionierend. Und dann ärgere ich mich.

Der Himmel beginnt seine abendliche Supershow aufs neue: Im Osten baut sich eine dunkle Wolkenwand auf, aus der es aus mehreren Löchern regnet. Für Momente bricht die Sonne durch die Wolken, und der Himmel scheint zu flammen.

Kurz vor Mitternacht steigen wir ins Kanu, um noch ein paar Kilometer zu paddeln. Leider hat die stimmungsvolle Nacht eine

üble Überraschung für uns parat: Mitten auf der freien Wasserfläche sehe ich, daß wir Wasser ins Boot kriegen: ein Leck! Mein
Sinn für Romantik ist augenblicklich verflogen.

Lärmende Wasservögel, die aussehen, als träfen sie sich club-
weise zu leichtfüßigen Spaziergängen über die Wasseroberfläche,
nehme ich nur aus den Augenwinkeln wahr. Wenn das Boot nur
bis zum nächsten Land hält! Ich kann das Leck nicht sehen, vermute jedoch, daß es irgendwo unter unseren Vorratsbeuteln ist.

An der erstbesten Insel legen wir an. Im Dämmerlicht der
Nacht taste ich mich durch einen Dschungel von Stachelbeersträu-
chern und ein filigranes Netzwerk meterhoher Spinnweben. Nach
einigem Suchen finde ich endlich im Dickicht eine kleine freie
Stelle für unser Zelt.

Am nächsten Tag regnet es. Wir beschließen, noch eine Nacht
hier zu bleiben. Ich verkrieche mich unter einer Regenplane und
angle. Längst habe ich herausgefunden, daß es schwieriger ist, auf
breiten Flüssen einen Fisch an die Angel zu kriegen als in kleinen
Seiten-Creeks. Trotzdem, einen Hecht ziehe ich an Land, ein anderer springt mir im letzten Moment vom Haken. Am Nachmittag klart es auf, und ich repariere mit Fiberglasflicken den Riß im
Kanuboden.

Als ich am drauffolgenden Morgen schon kurz nach fünf Uhr
aus dem Zelt krieche, blicke ich in eine verwunschene Welt: Millionen winziger Wassertropfen liegen auf den Gräsern. Über dem
Fluß schweben dünne Nebelschleier, die jeden Laut dämpfen. Ich
hänge mir meinen dicken Schlafsack über die Schultern, denn es
ist kalt. Auf einem umgestürzten Baumstamm am Ufer sitzend,
sehe ich über das Wasser. Schwach und zögernd nur tastet sich die
Sonne durch die Nebelschwaden. Unsere Insel scheint völlig eingewoben in Spinnennetze. Abertausend glitzernder, hauchdünner
Fäden lassen die Stimmung noch unwirklicher erscheinen, sie sind
überzogen mit winzigen, fast unsichtbaren Tautropfen, in denen
sich die Morgensonne bricht.

Im klaren Wasser unterhalb des Ufers plätschert und gluckst es.
Das kann nur eins bedeuten: Wir haben den Mackenzie River erreicht!

Gut zweihundert Jahre ist es her, daß die ersten Weißen auf der Suche nach der durchgehenden Wasserverbindung vom Atlantik zum Pazifik hier langgepaddelt sind, froh, endlich den unbekannten Strom erreicht zu haben. Das Land hat sich seitdem verändert. Doch weniger rasant als anderswo. Das macht die Faszination des Mackenzie River aus.

Derjenige, der dem Fluß seinen Namen gab, betrat Neuland, einen der vor zweihundert Jahren schon selten gewordenen weißen Flecke auf der Karte dieser Erde...

Es ist am frühen Morgen des 3. Juni 1789. Kalter Nebel liegt über der kleinen Handelsniederlassung Fort Chipewyan, als Alexander Mackenzie mit drei großen Kanus zu seiner legendären Forschungsreise aufbricht. In seinem Kanu sind außer ihm vier frankokanadische Voyageurs, zwei mit Frauen, ferner ein Deutscher namens Johann Steinbruck. In den anderen Booten sind English Chief, der Pfadfinder der Expedition, seine zwei Frauen, indianische Helfer und Jäger.

Nach einer Woche erreichen die Pioniere in einer Rekordzeit den Großen Sklavensee – aber der See ist noch zugefroren. Zermürbendes Warten beginnt, tage- und wochenlang. Vierzehn Tage später kommt es am See zur ersten Begegnung mit „Red-Knife-Indians". Mackenzie bezeichnet sie so nach ihren kupfernen Messern. Die Bezeichnung hat bis heute überdauert, unter anderem im Namen der Hauptstadt der Nordwestterritorien: Yellowknife.

Am 27. Juni notiert Alexander Mackenzie in sein Tagebuch: „Um drei Uhr morgens sind wir wieder im Kanu. Wir hatten alle eine ruhelose Nacht durch den grauenhaften Spuk der Moskitos."

Nach langem Suchen finden die Abenteurer im Gewirr der Buchten, Wasserarme und Inseln endlich den großen Strom, den vor ihnen kein Weißer gesehen hat. Einige Tage später treffen sie auf ein Indianerlager. Es gelingt English Chief, einige der Hals über Kopf flüchtenden Bewohner zu beruhigen. Zögernd kommen auch die restlichen dreißig Flüchtigen aus ihren Verstecken.

„Wir gaben ihnen zu rauchen", schreibt Mackenzie in sein Tagebuch, „obschon offensichtlich war, daß sie Tabak nicht kannten. Gleichermaßen gaben wir ihnen Grog..." Die Informationen, die Mackenzie von den Indianern über den Fluß erhält, sind erstaunlich: „Mehrere Winter werdet ihr brauchen, bis ihr das Meer erreicht habt. Und eure Bärte werden weiß sein, bis ihr nach hier zurückgekehrt seid." Als sie auch von gewaltigen, monsterhaften Wesen im Flußdelta erzählen, wollen Mackenzies indianische Begleiter umkehren. Man einigt sich darauf, einen Mann vom Stamm der „Dog Rib" als Kundschafter mitzunehmen. Sein „Gehalt" ist bald ausgehandelt: ein Kessel, eine Axt, ein Messer und Kleinkram für den Haushalt. Mackenzie zahlt im voraus.

Derweil haben die Indianer des Camps zu monotonen Rhythmen zu tanzen begonnen. Der neue *scout* verabschiedet sich von seiner Familie mit einer Geste, die Mackenzie in seinen Aufzeichnungen festhält: „Er trennt eine Locke von seinem Haar und teilt sie in drei Stücke; eins befestigt er am Haar seiner Frau, die anderen an den Köpfen seiner beiden Kinder."

Am 7. Juli trifft die Expedition auf ein weiteres Indianerlager. Die Bewohner flüchten, als sie die Fremden sehen, bis auf ein altes Ehepaar. Der alte Mann zögert nicht, auf die Ankömmlinge zuzugehen. „Ich bin zu alt geworden, um vor Gefahren, die mein nutzloses Leben bedrohen, fortzulaufen." Dann greift er an seinen Kopf und reißt büschelweise graue Haare aus, die er an die Fremden verteilt.

Wo immer Mackenzie von nun an auf Indianer trifft, warnen diese vor dem Stamm der „Esquimeaux", der im ewigen Eis lebe. Die Blicke dieser Menschen töteten, und sie seien gefräßig. Zu einer Mahlzeit äßen sie einen ganzen Biber.

Am Nachmittag des 10. Juli erkennt Alexander Mackenzie, was er während der letzten Tage bereits geahnt hatte: Der Fluß fließt nicht zum Pazifik, sondern zum Eismeer. Nach all den Strapazen eine schlimme und demoralisierende Erkenntnis. Vier Tage später sehen sie die ersten Wale im Ozean.

Mackenzies gezielte Suche nach den „Esquimeaux Indians" aber bleibt erfolglos. Tagelang erkunden sie das Delta des großen Stromes. Der Wildreichtum dort verblüfft die Abenteurer. Am 23. Juli

114

notiert Mackenzie in sein Tagebuch: „Sechs Tage schon brauchten wir unsere Vorräte nicht anzurühren. Und doch aßen wir in dieser Zeit zwei Rentiere (gemeint sind Karibus), vier Schwäne, fünfundvierzig Gänse und eine große Anzahl Fische. Dabei ist zu bedenken, daß wir zehn Männer und vier Frauen sind. Ich habe schon immer beobachtet, daß Nordmänner einen kräftigen Appetit haben, welcher aber übertroffen wird durch den der Leute, die mit mir sind. Ich könnte sie für gefräßig halten, wäre nicht mein eigener Appetit in gleichem Maße gestiegen."

Am 12. September 1789 kehrte Alexander Mackenzie mit seinen Leuten nach hundertunddrei Tagen nach Fort Chipewyan am Athabasca-See zurück. Der Traum der Pioniere hat sich nicht erfüllt: Die begehrte durchgehende Wasserstraße zum Pazifik war nicht gefunden worden.

Mackenzie selbst bezeichnete den Fluß als „River of Disappointment", Fluß der Enttäuschung. Später erhielt der Strom den Namen seines Entdeckers.

Der Mackenzie River ist wie flüssiges Öl an diesem Abend. Nach neun Stunden Paddelei legen wir an einer baumbestandenen Insel an. Als ich nur mal eben die Angel auswerfe, habe ich einen Zehnpfünder am Haken. Wir sind an diesem Abend wieder gut satt geworden.

Fort Providence heute noch zu erreichen hatten wir vermieden. Insbesondere ich habe kein Verlangen, die Nacht in einer lauten Siedlung, vor allem mit dem Lärm von Autos, zu verbringen. Vielleicht bin ich deswegen etwas kribbelig. Vielleicht fürchte ich einen Bruch der Harmonie auf dem Wasser. Lärmende Fährboote werden auch dort sein. Der Mackenzie Highway nach Yellowknife kreuzt bei Fort Providence den Fluß.

Zum Frühstück gibt's *bacon and eggs* auf Toast, und ich ärgere mich über mich selbst, daß ich heute am stattlichen Frühstück herumnörgle.

„Erst ist dir der Toast zu hart und jetzt der Schinken zu trocken. Scheinst mir reif fürs Grandhotel zu sein." Juliana steckt meinen Ärger noch ganz gut weg. Mag sein, daß es eine Überreaktion ist auf die Strapazen, das ständig dichte Zusammensein ohne Ausweichmöglichkeit. Zum Glück brechen solche Spannungen nur ganz kurz durch und verschwinden ebenso schnell. Beim nächsten Sonnenaufgang ist alles vergessen.

Fort Providence liegt oberhalb einer fünfzehn Meter hohen steilen Uferbank. Etwa sechshundert Menschen, überwiegend Indianer, leben hier. Die Siedlung geht auf die ersten Tage des Pelzhandels zurück. Den Voyageurs folgten die Missionare: Das weithin sichtbare Erkennungszeichen von Fort Providence ist eine hübsche, kleine, blau-weiß leuchtende Holzkirche.

Seit Fort Smith ist es das erste Mal, daß wir uns wieder bei der Polizei registrieren wollen. Wir fragen einen Indianer nach dem Weg zur RCMP.

„Der Officer sitzt im *coffee shop* und trinkt Kaffee."

Fähre über den Mackenzie bei Fort Providence

Wir halten das für einen Witz und gehen zum Office, das sich als Büro und Wohnhaus in einem Gebäude entpuppt. Da beides geschlossen ist, versuchen wir unser Glück letztlich doch im Café – mit Erfolg. Vermutlich sind hier die Lebensgewohnheiten eines jeden jedem bekannt.

„Come in and sit down. Have a coffee." Der Officer lädt uns ein. Wir müßten doch die sein, die im La Loche zu diesem Wahnsinnstrip zum Eismeer gestartet seien. Er hatte von uns über Telex gehört. Dann notiert er unsere Namen.

Auf dem Weg zum Laden der Hudson's Bay Company winken uns im Gras liegende Indianer mit Bierdosen zu: *„Have a drink, brother."* Während wir unser Kanu startklar machen, schieben zwei betrunkene Indianer ihr Motor-Kanu aufs Wasser. Irgendwie kriegen sie auch den Motor in Gang, was Juliana zu der Bemerkung veranlaßt, die Burschen müßten einen Schutzengel zur Seite haben, wenn sie den Trip überleben wollten.

Nördlich von Fort Providence mündet der Mackenzie River in den Mills Lake. Als wir ihn erreichen, kommen unheimliche Laute über den gleißenden See, ausgestoßen von Vögeln, die wie *loons* aussehen, aber wie orientalische Klageweiber rufen. Dann wieder klingt's wie Knurren, unterbrochen von rollenden tiefen Tönen, wie das Gekrächz großer Raben.

Der Mills Lake ist gut zwanzig Kilometer breit, ganz still und glatt. Es ist heiß. Unser Gesang ist heute schwächer als sonst, kein Lüftchen geht. Wir haben uns beide ganz ausgezogen. In Fort Providence hatte man uns gesagt, irgendwo hier am Ufer läge seit Jahren das alte gestrandete Boot *Sikanni-Chief*. Dort, wo wir es vermuten, steigen wir aus, versinken aber sofort zwanzig Zentimeter tief im Moos. Da der Wald fast undurchdringlich ist, geben wir die Suche auf.

Am 26. Juli verändert sich das Wetter. Wind kommt auf. Nach den letzten drückend heißen Tagen fühlen wir uns beide bleischwer und kaputt. Rechte Lust zum Paddeln will nicht aufkommen. Am späten Vormittag rollen große Wellen über den mehrere Kilometer breiten Fluß. Unsere Gespräche sind verstummt. Die ganze Kraft und Aufmerksamkeit gilt den Wellen. Verbissen paddeln wir. Es kommt mir vor, als würden wir uns auf der Stelle bewegen, was nicht stimmen kann, denn der Mackenzie hat eine recht flotte Strömung.

Ein mächtiger *bald eagle,* ein weißköpfiger Seeadler, schraubt sich mit kräftigem Flügelschlag in den Himmel. Eine Entenmutter schaukelt mit elf jungen Entchen in den Wellen des Ufers. Ich beobachte Seeschwalben, die mit graziösem Flügelschlag elegant über das Wasser tänzeln, dann wie ein Stein ins Wasser fallen und kurz drauf mit einem kleinen Fisch an die Oberfläche kommen.

Am Abend paddeln wir auf eine völlig schwarze Wand zu. Blauschwarz der Himmel. Schwarz der Mackenzie. Nur durch kleine Löcher in der Wolkenbank fällt helles Abendlicht und spiegelt sich im Wasser. Im Norden glüht ein leichtes Abendrot hinter den Spitzen der Fichten.

Ich lehne mich zurück im Kanu. Juliana macht's mir nach. „Ich glaube", sinniert sie, „man kann eine solche Ruhe auf dem Wasser nur dann richtig würdigen, wenn man den ganzen Tag gegen die Elemente angeboxt hat." Wie überall im Leben: Das Bewußtsein fürs Schöne wird geschärft durch den Gegensatz.

Mehr als 1600 Kilometer windet sich der Mackenzie River von Fort Providence in nordwestlicher Richtung bis nach Arctic Red River, wo er den Ende der 1970er Jahre quer durch die Tundra gebauten Dempster Highway, Amerikas nördlichste öffentliche Straße, berührt. Ein Stück weiter streift er Inuvik, die letzte Siedlung auf einer langen Reise, bevor er sich in die Beaufort-See ergießt. Neun Orte liegen am Mackenzie River, keiner größer als ein Dorf in Deutschland, und doch wichtige Posten der Zivilisation in der Wildnis.

Highway of the North – Mackenzie River

Die Tage auf dem Fluß gleiten dahin wie leichte Treibholzstücke. Auf den Wiesen rechts und links des Mackenzie blühen abertausend gelbleuchtende Blumen. Am liebsten würde ich aussteigen und mich zwischen sie legen, ihren Duft einatmen. Jetzt, da das Ende des Trips greifbar geworden und der Druck, ob wir's überhaupt schaffen werden, von mir ist, lassen wir uns mehr treiben.

Ich beobachte an mir eine seltene Kreativität bei oft als „hausfraulich" bezeichneten Arbeiten. Meist bin ich es, der schon morgens auf dem Wasser die Pläne fürs Abendessen austüftelt. Und abends hocke ich als erster am Lagerfeuer, backe Kekse in der Pfanne, bestreiche sie mit Pudding, garniere sie mit Schokoladenstückchen oder Nüssen. Gelegentlich baue ich einen Backofen aus Lehm... Die darin gebackenen Kuchen oder Brote können sich sehen lassen.

Entdecke ich alte verfallene Blockhütten am Ufer, zieht's mich hinein. Ich hocke dann in den düsteren Räumen und lasse meine Phantasie schweifen. In einer Cabin steht ein eiserner Kanonenofen, so als warte er seit Jahrzehnten darauf, wieder mit Holz gefüttert zu werden. Daneben ein windschiefer Tisch. Wenn diese Stücke vom Leben vergangener Jahre hier erzählen könnten...

Kehre ich nach solchen Exkursionen in die Realität gewordenen Bilder meiner Jungenträume zu Juliana zurück, hat sie ihren Hut meist randvoll mit Beeren gepflückt. Mit vollem Mund steigen wir ins Boot.

Südlich von Fort Simpson, dort, wo der Mackenzie sehr schmal ist, kommt uns das große rot-weiße Küstenwachschiff *Dumit* entgegen. Als der Riese auf unserer Höhe ist, dröhnt sein Schiffshorn. Wir winken mit den Paddeln.

Die Zeit, in der Schiffe auf dem Mackenzie verkehren können, ist sehr kurz: Mitte Mai bricht das Eis am südlichen Flußende auf, drei Wochen später im Norden. Im November ist das Wasser bereits wieder gefroren.

Mancher *Nor'wester* hatte mir gesagt, Winter sei „seine" Zeit. „Viel besser als der Sommer. Da gibt's wenigstens keine Moskitos." Ohne diese Einstellung könnte man's hier auf Dauer kaum aushalten, bei acht bis neun Monaten Winter, mit Temperaturen von vierzig Grad minus und mehr. Das ist die Zeit, wenn die zugefrorenen Flüsse als Winter-Highways für Geländeautos, Schneemobile und Hundegespanne genutzt werden.

Es ist später Nachmittag, etwa zwanzig Kilometer unterhalb der Siedlung Jean Marie River, als aus einer Bucht ein grünes Frachtkanu auf uns zuhält.

„Schon unglaublich, was auf diesem Fluß los ist." Juliana hat ihr Paddel auf den Bootsrand gelegt und schirmt mit einer Hand die Augen vor der Sonne ab.

Einer der beiden Männer im Frachtkanu drosselt den schweren Outborder. Langsam läuft das gut acht Meter lange Kanu auf uns zu.

„*How are ye doin, folks?*" Ein stämmiger Indianer grüßt zu uns rüber. Wir grüßen zurück. „Da drüben gibt's Bären." Er deutet zum östlichen Flußufer. „Wir sind auf dem Weg zur Jagd. Gestern haben wir auch schon einen Bären erwischt."

Wir geraten ins Plaudern. Im Winter arbeiten die beiden mit ihren Hundegespannen als Trapper. Die Indianer hier zögen Hunde den Skidoos, den Motorschlitten, vor, sagen sie. „Sie sind zuverlässiger, kosten keinen Sprit. Und", der eine der Indianer blickt verschmitzt auf mich, „in Not kannst du deine Hunde aufessen. Versuch das mal mit einem Skidoo." Nach einem kurzen Schwatz geben sie Gas und dröhnen zum Ufer hinüber.

„Eigentlich verstehe ich nicht, weshalb Indianer noch Bären jagen, wo sie doch so oft erzählen, der Trichinen wegen würden sie Bärenfleisch nicht anrühren."

Mit mir und der Jägerei ist das über die Jahre eine zwiespältige Sache geworden: Ich erinnere mich daran, wie ich in Deutschland einst für die Jägerprüfung büffelte. „Wenn du mal in Kanada ankommst, wirst du's gebrauchen können." Irgendwo steht zu Hause noch 'ne Büchse rum. Und nun sind wir hier zwischen Bären, Gänsen, Elchen, und ich habe nicht das geringste Verlangen nach einem Gewehr, geschweige denn zu jagen.

Als wir den kleinen Ort Jean Marie River passieren, ist es schon fast Mitternacht und noch hell. Kinderlachen und das Gekreisch einer Motorsäge dringen zu uns. Der Ort selbst, auf einer Landzunge zwischen Mackenzie und Jean Marie River, ist hübsch gelegen. Eigentlich hatten wir anhalten wollen, aber der Abend auf dem Wasser ist zu schön, um ihn zu unterbrechen. Es ist kalt geworden. Ein eisiger Hauch streicht über den Fluß. Der hier schnell fließende Mackenzie glänzt wie Gold, mit einem dünnen Silberbelag bedeckt. In dieses zauberhafte Licht paddeln wir hinein.

Fort Simpson wird als der Garten des Mackenzie bezeichnet; der Boden ist gut genug für Gartenbau, das Land fruchtbar, und die Sommer sind mild. Die 1200 Einwohner zählende Ortschaft liegt auf einer kleinen Insel mit hohen Ufern am Zusammenfluß von Liard und Mackenzie River.

Als wir auf dem Weg zur „Bay", dem Laden der Hudson's Bay Company, sind, hält ein Auto neben uns. Ein Weißer steigt aus, fragt nach dem Woher und Wohin und erzählt, daß diesen Sommer schon zwei *Germans* hier durchgepaddelt seien und ein Deutscher sogar seit langem im Ort lebe. „Die meisten, die auf dem Mackenzie River paddeln wollen, starten hier. Jedes Jahr sind's ein paar Handvoll."

Der Grund dafür ist, daß Fort Simpson der nördlichste und am günstigsten gelegene Ort im Straßenverbund des Liard und Mackenzie Highway ist. Nach kurzem Gespräch kaufen wir uns im gut bestückten Laden der „Bay" etwas zu naschen und bummeln durch die Siedlung.

Fort Simpson wirkt proper und sauberer als die meisten Nordlandorte. Die Häuser sind gepflegt, strahlen in Weiß-Blau, Weiß-Grün oder Weiß-Rot. Alle haben vor den Eingängen elektrische Anschlüsse zum Warmhalten der Automotoren im Winter. Kein Auto spränge sonst bei vierzig Grad minus an.

Während Juliana Einkäufe erledigt, bummle ich allein weiter

Fröhliche Indianerkinder auf dem Spielplatz von Fort Simpson

und gelange zum Spielplatz von Fort Simpson.

„*Hallo!*" Ein paar Steppkes winken mir schon von weitem zu. „*What's your name?*" fragt eine Kleine in einer Schaukel keck. Größere Jungen springen mit Geländefahrrädern über Hindernisse hinweg. Ein Polizeifahrzeug kommt, hält, und zwei Polizisten grüßen mich. Neue Gesichter fallen hier sofort auf . . .

Es ist noch früher Abend, als zwei junge Männer nicht weit von uns ein Zelt am Strand aufbauen. Neugierig bummele ich rüber. Groß ist die Überraschung: zwei Österreicher! Vor fünf Wochen sind sie nach Kanada gekommen, haben sich ein Kanu gekauft und sind von Hinton am Rande der Rocky Mountains auf dem Athabasca River gen Norden gepaddelt.

„Haarige Sache", sagt Gerd, der ältere der beiden. „Kanuerfahrung hatten wir nicht."

Nie zuvor waren sie in Kanada, der Wildnis oder auf Wildwasser gewesen. Der Athabasca River hat zwischen Hinton und Fort

McMurray eine größere Anzahl nicht ungefährlicher Stromschnellen zu bieten. Die meisten haben die beiden befahren. Daß sie glimpflich durchgekommen sind, führen sie auf feste Abmachungen mit ihrem Schutzengel zurück.

„Einmal hatten wir allerdings verdammtes Pech", sagt Gerd. „Das war an dem Freitag, an dem wir unbedingt noch nach Fort McMurray kommen wollten, um ein *sixpack* Bier im *liquor store* zu kaufen. Um keine Zeit zu verlieren, befuhren wir dann diese irren Stromschnellen . . ." Er kratzte sich am Schädel. Ihr Kanu schlug um, sie fielen raus, kriegten das Boot aber noch zu fassen und kamen irgendwie ans Ufer. „Unsere gewässerten Kameras haben wir hinterher im Athabasca River feierlich bestattet."

Von Fort Smith bis hier hatten sie eine Mitfahrgelegenheit auf einem Lkw ergattert. „Der Große Sklavensee war uns zu gefährlich." In dreißig Tagen wollen sie in Inuvik im Delta sein. Von dort geht's zurück nach Fort McMurray, um das große Geld zu machen, wie sie sagen. „Mindestens 5000 Dollar jeder. Damit finanzieren wir unsere Pilotenscheine."

Ich drücke ihnen die Daumen, daß sie erst mal wohlbehalten im Mackenzie-Delta ankommen. Als angetrunkene Indianer zu später Stunde noch anfangen, lautstark mit Steinen nach Bierdosen zu werfen, verlassen wir Fort Simpson und paddeln in die Nacht hinein.

Der nächste Tag bleibt sonnig, aber kühl. Ich beobachte, wie sich die Spitze meines Paddels ins Wasser schneidet: Pitsch, pitsch . . . Ein vertrautes Geräusch, jeden Tag abertausendmal aufs neue. Wie lange das wohl noch so gehen wird? Noch drei oder vier Wochen, und wir sind am nördlichen Ende Kanadas und damit am Ende unseres Trips. Ich verdränge diese Vorstellung, so gut es geht. Juliana will von weiteren Plänen, vom Buschleben und von neuen Kanurouten nichts wissen.

Wir haben schon ein paarmal darüber gesprochen, auch heute. „Mein Gott, das ist doch monoton. Ich habe kein Gefühl mehr für die Zeit, seit mindestens sechzig Tagen paddeln wir schon. Hätten wir nicht das Kurzwellenradio, wüßte ich nicht mal, welcher Tag heute ist. Tagein, tagaus das gleiche: Morgens um sieben aufstehen, du siehst dir den Himmel an. Regnet es, legst du dich wieder hin, ist's trocken, paddeln wir den ganzen Tag. Stunde für Stunde die gleiche Bewegung. Tag für Tag. Woche für Woche. Monat für Monat. Langsam finde ich das nervig."

Ich habe ihr viel entgegenzuhalten: Daß es doch paradiesisch ist mit all den Tieren, wenn Biber mit ihren breiten Schwänzen vor uns aufs Wasser schlagen oder zwanzig, dreißig Wildgänse über uns rüberziehen.

Juliana kontert mit zwanzig- bis dreißigtausend Moskitos.

Erstmals seit Wochen verändert sich das Bild des Landes. Am 31. Juli paddeln wir auf die Mackenzie-Berge zu. Kleine bewachsene Inseln heben sich plastisch vor der Gebirgskulisse ab.

„Die Insel dahinten wäre doch genau richtig fürs Nachtlager. Wie spät ist es?"

Juliana sieht auf ihre Armbanduhr. Meine liegt irgendwo zuunterst in unserem Auto in La Loche. „Kurz nach neunzehn Uhr. Wir haben etwa sieben Stunden gepaddelt. Ich plädiere fürs Anlegen."

Das erste, worauf ich beim Erkundungsgang stoße, sind frische Bärenspuren. Ganz allein sind wir also nicht.

Indianer hatten uns den Tip mit auf den Weg gegeben, nachts auf Inseln anzulegen. Die Gefahr, dort auf Bären zu stoßen, sei weitaus geringer als auf dem Festland. Bisher hatte das gestimmt. Bären sind zwar gute Schwimmer, aber warum sollten sie sich nasse Pelze holen, wenn das Futter am Flußufer genauso gut ist? Ich bin gerade dabei, die handgroßen Abdrücke zu untersuchen . . .

„Achtung, hinter dir!" Juliana, im Boot geblieben, ruft und winkt aufgeregt.

Ich drehe mich langsam um. Keine zwanzig Meter entfernt kommt ein Bär aus dem Wald, zockelt auf mich zu, bleibt stehen, sieht mich, kehrt um und verschwindet im Unterholz.

„Uff, noch mal Glück gehabt."

Ich schiebe das Kanu zurück ins Wasser, als es erneut im Busch

Bärenspuren und Wolfsfährten erinnern uns daran, daß wir selten ganz allein sind

kracht. Ein zweiter Bär bricht durchs Holz, kratzt kurz auf dem Boden, als suche er etwas, und trollt sich.

„Mein Bedarf an Bären ist für heute gedeckt. Laß uns eine schöne Sandbank suchen. Ohne Beerensträucher." Bei Juliana meldet sich die Bärenangst. Die nächsten Tage wird's noch ausgeprägter werden.

Einige Kilometer weiter legen wir an einer vegetationslosen Sandbank mit großen angetriebenen Baumstämmen an. Da es noch immer sehr warm ist, springen wir beide zur Erfrischung ins Wasser. Anschließend ist Wäschewaschen angesagt. Gut ein Drittel füllen wir unser Kanu mit Wasser, weichen die Wäsche kurz ein, nehmen Kernseife und machen uns an die Arbeit. Als Ersatz für eine Wäscheleine müssen die Zweige einer großen Fichte herhalten. Gegen Abend schieben sich graue Wolken über die Berge im Westen, lassen das Bild der dunklen Mackenzie Mountains gespenstisch, fast unheimlich erscheinen.

Bärenplage und Sandsturm

Schwere Regentropfen fallen über Nacht. Als wir morgens kurz nach acht Uhr aufstehen, ist das Wetter aber wieder großartig. Blankgeputzt und wie mit Klarsichtlack behandelt wirken die Berge, vereinzelt von dünnen Morgennebeln umwoben.

Ich lehne mich gegen einen angeschwemmten Baumstamm und schüre gerade unser kleines Feuer, als ich einen Punkt im Wasser entdecke, der direkt auf unsere Sandbank zuhält. Bloß kein Bär! Überall liegen noch Lebensmittel herum. Wir haben noch nicht gepackt.

Ich springe auf, laufe zum Ufer, klatsche in die Hände, daß es wie ein Schuß klingt. Das Tier hebt den Kopf, dreht ab und schwimmt auf die Nachbarinsel zu.

Das Boot zu beladen – eine Arbeit, die an die Knochen geht, mit viel Schlepperei und Packen unter Ausnutzung des kleinsten Freiraums – klappt heute flott.

Dieser Morgen ist klar wie selten. Der Blick auf die Gebirgslandschaft entlockt mir begeisterte Ausrufe. In gerader Linie strömt der Mackenzie River auf die senkrechten Felsen vor uns zu, knickt dann fast rechtwinklig ab, um von nun an in nördlicher Richtung weiterzufließen.

Wir haben „Camsell Bend" erreicht, mit rund sieben Kilometer die breiteste Stelle des gesamten Mackenzie River. Irgendwo hier in der Nähe, zwischen der Einmündung des Root und Willow Lake River, war es, wo sich vor Jahrzehnten eine komische Geschichte abgespielt haben soll:

In einer der Cabins am Ufer lebte in den vierziger Jahren ein älterer Trapper. Animiert durch die während des Zweiten Weltkrieges ergangenen Aufrufe, sich rekrutieren zu lassen, marschierte er Hunderte von Kilometern durch den Busch zum nächsten Rekrutierungsbüro in Fort Smith. Dort untersuchte man ihn auf Kriegstauglichkeit . . . und wies ihn ab wegen seiner Plattfüße. Und so marschierte er den langen Weg zurück durch die Wildnis – auf denselben Plattfüßen! – mehr als 1500 Kilometer insgesamt.

„He, was macht dein Stimmungsbarometer?"

Juliana lächelt. Ein gutes Zeichen. Mir schien's kurz, als sei sie etwas flußmüde geworden. Sie spricht gelegentlich von Monotonie, wo ich ständig Abwechslung spüre und laufend großartige Bilder sehe.

„An einem affenheißen Tag wie diesem vergißt man, daß das Thermometer hier in zwei bis drei Monaten sechzig Grad weniger anzeigen wird." Ich habe mein Hemd ausgezogen. Zum Glück spendet mein Hut etwas Schatten. Aber erbarmungslos brennt uns die Sonne durch die Reflexion aus dem Wasser entgegen.

Als wir in die Nähe von Fort Wrigley kommen, verändert sich die Landschaft. Die nächsten hundert Kilometer wird der Mackenzie schmal sein, mit nur wenigen Inseln.

Auf „Old Fort Island", der Insel, auf der sich „Wrigley", das erste, aber bald vergessene Pelzhandelsfort, befand, legen wir für die Nacht an.

„Diese Hitze!" Ich ziehe mich völlig aus. Juliana tut's mir nach.

„Was gibt's zu essen heute?"

„Hat lange keine Pfannkuchen mehr gegeben – das wär' doch was?!" Juliana weiß, daß sie mit diesem Vorschlag bei mir ins Schwarze trifft. „Haben wir noch Eier?"

Ich sehe nach. „Ja, vier Stück." Verschwenderisch sind wir damit nie gewesen. Eier gibt's nicht an jeder Flußbiegung zu kaufen. Wir hatten über die Wochen im Kanu gelernt, aus wenig viel zu machen. Waren wir richtig hungrig – und das waren wir meistens –, gab's zehn große Pfannkuchen zum Abendessen, zubereitet mit einem einzigen Ei!

Die Pfannkuchenzubereitung ist mein Job. Ich mische den Teig, fette die Pfanne. Ein leckerer Duft liegt bald in der Luft. Ich habe den vierten Pfannkuchen gerade fertig, als Juliana aufschreckt.

Sie legt Briefblock und Kugelschreiber auf einen Felsen. „Sag mal, hast du das auch gehört?"

Ich nicke. „Pst!"

Deutlich wahrnehmbar bewegt sich ein schwerer Körper durch den Busch auf uns zu, so als würde jemand Zweige und dünne Bäumchen einfach zur Seite wischen.

„Ein Bär!"

„Schnell, Sachen zusammenpacken und nichts wie weg!"

Wir überbieten alle bisherigen Packrekorde. Ich sprinte zwischen Feuerstelle und Boot hin und her und werfe unsere Sachen ins Kanu. Juliana rafft unsere Küchenutensilien zusammen.

„Da ist er!" Ich reiße gerade mit einem Ruck das Zelt zusammen, als er wenige Meter vor mir auftaucht.

Was hatte ich für solche Fälle gelernt? Auf den Boden legen und toten Mann markieren! Blödsinn, dafür ist er noch zu weit weg. Ich klatsche in die Hände. Alle möglichen Verhaltensmaßregeln, von denen ich je gehört hatte, rasen mir durch den Kopf.

Der Schwarze taxiert mich, verharrt. Hoch aufgerichtet. Die Nase in den Wind gereckt. Vermutlich hat er meine Pfannkuchen gerochen. In dieser Sekunde bin ich nicht empfänglich dafür, das als Kompliment für meine Kochkünste aufzufassen.

Mach was, Junge!

Ich klatsche noch mal laut in die Hände. Der Bär mustert mich ganz kurz. Ganz ruhig, als würde er sich überlegen, ob er mir den Arm auf die Schuler legen soll. Ich pfeife auf den Fingern. Er läßt sich auf alle viere zurückfallen..., sieht zu mir hoch... und dreht ab. Das war hart an der Kante.

„Noch mal Glück gehabt." Juliana kommt auf mich zu und nimmt mich in den Arm.

„Komm, laß uns die restlichen Sachen schnell im Boot verstauen!" Wenig später ist unser Kanu beladen.

„Und was machen wir mit den Pfannkuchen?"

„Aufessen natürlich! Die werde ich Meister Petz mit Sicherheit nicht dalassen." Ich schüre die Glut, lege einige Zweige nach, gieße den restlichen Pfannkuchenteig in die Pfanne und mache mich ans Backen. Die *pancakes* werden nicht ganz so goldgelb und lokker wie sonst. Vermutlich fehlt mir die innere Ruhe zum Backen.

Gestärkt steigen wir ins Boot. Ein zauberhafter Abend..., wäre da nicht der Bär gewesen. Gut eine Stunde paddeln wir in das Nachtrot, über dem sich am Horizont schwarze Wolkenfestungen aufbauen.

Gegen ein Uhr morgens ist der Himmel schwarz und drohend. Ein Unwetter liegt in der Luft. Einen Platz zum Anlanden am Ufer können wir trotz eifrigen Suchens nicht finden.

„Höchste Zeit, das Zelt aufzubauen. Komm, laß uns da auf die Sandbank gehen."

Als ich aus dem Kanu rausklettere, versinke ich bis über die Knie in bodenlosem Schlamm. „Mit dem schweren Futtersack auf den Schultern wirst du hier absaufen. Laß uns eine andere Stelle suchen." Juliana hilft mir ins Boot zurück. „Nicht mehr lange hin bis zum Unwetter..."

„Verdammt, wir müssen einen Platz finden!" Ich bin wütend auf den verflixten Bären, der uns aus unserem schönen Camp vertrieben hat.

Endlich, gegen zwei Uhr morgens, steht das Zelt. Außer einer Sandbank mit niedrigen Sträuchern hatten wir keinen Platz auf die schnelle im Dunkeln finden können. Ich bin gerade dabei, Zeltrand und Heringe mit Steinen zu beschweren, als ein leichter Wind aufkommt, kleine Sandwölkchen vor sich hertreibend.

Sturmwarnung! Vorsichtshalber beschweren wir das Kanu

„Laß uns noch ein paar dicke Steine ins Zelt legen, damit wir nicht wegfliegen." Ich laufe los. „Halt den Zelteingang zu! Wir kriegen ja jede Menge von Sand rein. Und pack die Kamera weg, damit sie nicht einsandet!"

Aus dem Wind wird Sturm. Er reißt mir die Worte von den Lippen. Wie Nadeln stechen mir Sandkörner ins Gesicht. Ich habe meine Augen bis auf einen Spalt zusammengekniffen. Mit einem Satz springe ich zurück ins Zelt. Der Sturm rast. Das Zelt flattert, als würde es jeden Moment zerreißen.

Kurz vor Morgengrauen hat unser Zelt nur noch ein Drittel seiner normalen Höhe. Die Zeltstangen sind abgeknickt, auf der dem

Wind abgewandten Seite liegen Unmengen von Sand. Sand ist überall – auch im Zelt. Durch jede Ritze hat der Sturm ihn reingepreßt. Ich habe Sand in den Augen, Ohren und im Mund ... Erst um sechs Uhr morgens läßt das Orgeln des Sturms vorübergehend nach.

„Laß uns den Platz wechseln!"

„Meinst du, daß wir das Zelt jemals wieder hinkriegen?"

„Die Stangen sind nicht gebrochen, und gerissen ist zum Glück auch nichts."

Morgendämmerung liegt über dem Mackenzie-Tal. Wegen der Dunkelheit beim Anlegen hatte ich nicht weiter als hundert Meter sehen können, jetzt mache ich in einiger Entfernung von uns Weidengestrüpp aus. Ich krieche zurück in unseren Zelthaufen. „Ich habe was gefunden! Binde dir ein Taschentuch vor den Mund. Erst verstauen wir unsere Wertsachen und Ausrüstung im Kanu, dann versuchen wir das Zelt neu aufzubauen."

Gelbliche Sandschleier liegen über dem Tal. Wir müssen uns sputen. Der Wind hat noch Puste genug für eine Neuauflage. In aller Eile bauen wir das Zelt neu auf. Ein Wahnsinnsglück, daß sich die Stangen richten lassen, ohne zu brechen.

An diesem Morgen ist von mir der Ausspruch gefallen: „Lieber 'nen Bären im Zelt, als jemals wieder bei Sturm auf einer Sandbank campieren." Ich bin mittlerweile bereit, diesen Ausspruch zu überdenken.

Der Sturm tobt den ganzen Tag. Wir schlafen, werden zwischendurch wach, lauschen – und schlafen weiter bis zum späten Nachmittag.

Das Mackenzie-Tal verändert sein Gesicht wie ein Chamäleon. Auch diese Stimmung ist schön. Schwer und ausdrucksvoll ist sie, fast melancholisch. Zwangspausen durch Sturm und Regen haben auch ihren Reiz. Wir liegen im Zelt, schlafen, hören krächzende Nordlandsender auf Mittel- und Kurzwelle. Zwischendurch kochen wir Tee oder Kaffee; vor allem aber machen wir uns über die Vorräte her. Gut, daß wir vorgesorgt haben!

Als wir am 4. August endlich die meisten unserer Ausrüstungsgegenstände vom Sand befreit haben, ist es eiskalt geworden. Wir beginnen den Paddeltag in dicken Pullovern und mit Handschuhen.

In Höhe der verlassenen Siedlung Old Wrigley treibt uns die Neugier hoch zu den verlassenen Hütten des ehemaligen Ortes. Juliana bleibt auf halber Strecke zurück: Old Wrigley ist ein Himbeerparadies. Anfangs noch pflückt sie direkt in den Mund. Aber ich kenn' sie, gleich wird sie von irgendwo einen Plastikbeutel hervorzaubern. Und wenn der voll ist, muß der Hut herhalten. Schätze, daß wir heute abend Himbeermarmelade kochen werden.

Unterhalb Old Wrigleys legen wir an einem Creek an. Natürlich kochen wir Marmelade, dazu backen wir Bannocks. Köstlich! Juliana erzählt mir, daß sie die letzte Nacht von einem Bären mit Gummistiefeln auf unserer Terrasse in Deutschland geträumt habe. Wir lachen herzlich über die Story – allerdings nur bis kurz vor Mitternacht, als ich einen Schwarzbären gemächlich das Ufer langschlendern sehe, genau auf uns zu. Muß das schon wieder sein?!

Hastig gehen wir an die Arbeit, begleitet von Schimpfen und Schreien. Ich rase zum Ufer und schmeiße unser Gepäck ins Boot. Dann schleudere ich Steine in Richtung des Bären. Verärgert wendet er sich ab und trollt sich.

Wir sind beide sauer, daß wieder ein gemütlicher Abend am Lagerfeuer gestört worden ist. Juliana hat Magenkneifen. Ihr liegt ein Bär quer, sagt sie.

Es ist recht dunkel diese Nacht, doch im Norden – genau in der Richtung, in die wir hineinpaddeln – schwebt ein leuchtender Goldstreifen über dem Fluß. Ganz ruhig fließt der Mackenzie dahin, der hier stellenweise nur fünfhundert Meter breit ist. Der Goldhauch bleibt noch lange. Julianas Lebensgeister kommen zurück. Sie ist begeistert von den Farben der Nacht. Wenigstens eine kleine Entschädigung für die Bärenhektik des Abends!

Ich habe mir vorgenommen, von nun an eine „Bärenliste" zu führen. Die nächsten Tage auf dem Fluß verlaufen ruhig, vom Bärenstreß einmal abgesehen. Meine Statistik sagt dazu: vierundzwanzig Bären in einer Woche.

Nachtlager auf einer Sandbank bei den Mackenzie-Bergen. Der Himmel verdunkelt sich, das nächste Unwetter kommt

Paddeln ist Alltag für uns beide geworden. Das mit dem Achtstundentag stimmt auch. Bloß, daß mit acht Stunden Paddelei das Tagewerk längst nicht geschafft ist. Unsere Tage beginnen meist morgens um sieben und enden gegen ein Uhr nachts. Ich weiß: daß es so spät wird, liegt hauptsächlich an mir. Aber ich kann mich einfach nicht losreißen von der Nachtstimmung und dem Zauber des Lagerfeuers.

Aber die Stunden abends am Lagerfeuer sind nicht nur Stunden der Muße und des Nichtstuns. Meist fange ich Fische, nehme sie aus und räuchere sie. Juliana bessert Wäsche aus, kocht das Abendessen. Ich schleppe Holz fürs Lagerfeuer heran. Eine Menge Arbeit... und doch ein ungemein befriedigender Job. Gelegentlich wundere ich mich, daß uns bei der ständigen Zweisamkeit nicht der Gesprächsstoff ausgeht. Aber es gibt immer was zu planen, zu durchdenken und zu besprechen.

Die Uferbänke des Mackenzie River sind jetzt sehr steil und hoch. Zu Tausenden nisten dort Schwalben und Wanderfalken. Das Wetter ist sehr wechselhaft geworden. Immer mal wieder fallen aus einzelnen Wolken lokale Regengüsse. Wie zur Belohnung überspannen danach farbenfrohe Regenbogen das Land.

Wegen der Bärengefahr sind wir mittlerweile dazu übergegangen, auf unseren Übernachtungsplätzen nicht mehr zu kochen. Meist legen wir früh am Abend an, kochen und backen, dann paddeln wir in die Mitternachtssonne hinein.

„Eigentlich müßten wir den Bären dankbar sein, daß sie unseren Tagesrhythmus so durcheinandergebracht haben. Sonst hätten wir solche Nächte auf dem Fluß sicher nicht erlebt." Juliana schüttelt Sand von unserer Sitzmatte, auf der wir unser Essen zubereitet haben.

Ich lege meine Angel zusammen. Gebissen hat heute kein Fisch. „Komm, schieb mal mit." Unser Kanu liegt festgesogen auf dem klebrigen, breiigen Ufer. Gemeinsam schieben wir es raus.

Dreiundzwanzig Uhr – und noch so hell, daß man bequem Tageszeitung lesen könnte. Aber wer will das hier schon!

Gemächlich paddeln wir vor uns hin, mehr um uns warm zu halten, als um gute Strecke zu machen. Langsam gleiten die Uferwände an uns vorbei. Der Abend wäre sehr schön ausgeklungen, wäre nicht der verflixte sechste Bär dieses Tages am Ufer gewesen.

„Wenn ich ständig diese schwarzen Burschen sehe, freue ich mich doch darauf, bald in Inuvik zu sein." Merkwürdig, wie Juliana das sagt. Eigentlich glaube ich nicht, daß es nur der Bären wegen ist. Sie ist nicht der Typ, der bei Tieren ängstlich wird. Ich werde nie vergessen, wie sie vor Jahren in Afrika am Fuße des Kilimandscharo saß und Bratkartoffeln briet, als laut trompetend eine Herde Elefanten auf unser Camp zumarschierte. Sie blieb sitzen, wendete in aller Ruhe die Kartoffeln, die Elefanten drehten ab, und das Essen wurde gut. Ich vermute, jetzt ist es die Einsamkeit. Es ist für sie eine Dosis zuviel.

An einer Sandbank legen wir an und bauen unser Zelt auf. Kreischende Möwen gehen im Sturzflug auf uns nieder, wollen uns angreifen. Erst ganz dicht vor uns drehen sie ab. Vermutlich haben wir sie in ihrer Welt gestört.

Als wir in die Nähe der Siedlung Fort Norman kommen, scheint das Ufer des Mackenzie River unter Feuer zu stehen. Rauch liegt in der Luft. Wir haben die schon von Alexander Mackenzie erwähnten Burning Cliffs erreicht.

1789 schrieb der Pelzhändler in sein Tagebuch: „Auf langer Strecke war die gesamte Uferbank unter Feuer. Wir fanden heraus, daß es sich um eine Kohlenmine handelt..."

Dieselben unterirdischen Kohlenvorkommen brennen und qualmen auch heute noch. Ein gespenstisches Bild.

In der Ferne kann ich die ersten Häuser von Fort Norman erkennen. Zunächst ein Pelzhandelsposten, seit 1810 eine Siedlung, ist Fort Norman malerisch vor dem knapp fünfhundert Meter hohen Bear Rock errichtet worden, genau dort, wo sich der glasklare Große Bärenfluß mit dem grauen Mackenzie River vermischt.

Nach den eisigen letzten Tagen ist es wieder unerträglich heiß geworden. Zwei Stunden vor Mitternacht steht die Sonne noch hoch über dem Bear Rock. Fluß und Himmel leuchten in gleicher silbriggoldener Farbe. Zum Abendessen futtern wir Milchreis, der recht wäßrig schmeckt – wir haben uns nur eine kleine Dose Kondensmilch genehmigt... Doch zum Ausgleich dafür umgibt uns die prachtvolle Szenerie des Nordens. Da wir eine Wetterveränderung befürchten, paddeln wir gegen Mitternacht über den knapp zwei Kilometer breiten Fluß zu den gut sechzig Meter hohen Burning Cliffs in der Nähe von Fort Norman hinüber.

Ich wünsche mir manchmal, ein Poet zu sein, um die nächtlichen Stimmungsbilder in richtige Worte zu fassen: Kein Windhauch geht. Drei Kraniche ziehen dicht über den Fluß dahin. Als sie uns erreichen, drehen sie zum Ufer hin ab. Mein Blick streicht über den Mackenzie nach Norden, ein breiter, majestätischer *Highway of the North*. Morgen wird er Gesellschaft kriegen, wenn sich der kalte Große Bärenfluß zu uns gesellt.

Gekentert in der Arktis

Die Nacht verbringen wir in der Nähe der Burning Cliffs. Deutlich ist die aus der Erde aufsteigende Wärme unterirdischer Feuer zu spüren.

Als wir uns Fort Norman am frühen Morgen nähern, sehe ich schon von weitem drei rote Flecke am Bear Rock, um die sich eine alte Indianerlegende ranken soll. Auf einer staubigen Piste gehen wir hoch zum Ort, vorbei an wilden Sträuchern voller Beeren. An einem Holzhaus sind Schlittenhunde angebunden, ein Tipi, ein altes Indianerzelt, steht daneben. Wir folgen einem windschiefen Bretterweg für Fußgänger zum Ortszentrum. An einer Kirche im Blockhausstil bleiben wir stehen.

„Sieh dir mal die Gräber auf dem Friedhof an."

„Merkwürdig, die meisten haben einen Holzzaun drumherum. Was das wohl bedeutet?" Wir gehen über den Friedhof.

„Vielleicht hat man den Zaun angebracht, um die Seelen der Toten vor bösen Einflüssen von außen zu schützen."

Als wir kurz darauf den Laden der „Bay" betreten, sind nur wenige Leute anwesend. Ich stutze – wegen der hohen Preise. „Ein Päckchen weicher Brötchen mehr als vier Dollar? Soviel haben wir bisher nie bezahlt!"

„Frische Sachen wie Brot und Gemüse werden eingeflogen", erklärt uns Freddy, der *store keeper*.

Eine junge Frau mischt sich ins Gespräch: „Fast alle hier backen ihr Brot selbst. Ihr solltet das auch machen. Mehl ist gerade im Angebot."

„Okay." Ich schultere einen Mehlsack. „Wie ich dich kenne, wirst du den bestimmt auch noch irgendwo im Boot unterkriegen", sage ich mit einem Seitenblick auf Juliana. Sie blickt mich skeptisch an, sagt aber nichts. Wir setzen uns vor dem Laden auf die Holzstufen der „Bay".

„Heißer Tag heute, nicht wahr?" Ein älterer Indianer hockt sich neben mich. „Das erstemal dies Jahr, daß es so heiß ist. Und kein Wind! Gut für euch *guys* zum Kanufahren... Aber paßt bei den Sans Sault Rapids auf. Schon so mancher ist da abgesoffen." Auf meine Bitte beschreibt er, von welcher Seite wir am besten die vor uns liegenden Stromschnellen angehen sollten: „Die Westseite ist am sichersten – aber haltet die Augen offen."

Da der Alte sich gut auszukennen scheint, bitte ich ihn, uns die Legende um die drei roten Flecke am Bear Rock zu erzählen. Er lächelt, dann berichtet er von der von Generation zu Generation überlieferten Geschichte der Slavey-Indianer:

„Viele Jahre ist es her, da lebte ein Riese am Großen Bärensee, so lange, bis er eines harten Winters große Not litt. Endlich sichtete er drei fette Biber, und er beschloß, sie zu töten. Er folgte ihnen, aber es war unmöglich, auch nur einen zu erlegen. Als die Tiere nach Tagen den Ausfluß des Großen Bärensees erreichten, schleu-

Indianerfriedhof von Fort Norman. Indianergräber sind oft mit weißgestrichenen Holzzäunen umgeben

derte der Riese zornig seinen Speer nach ihnen. Er traf und tötete mit einem Wurf alle drei. Dann wanderte er zu der Stelle, an der der Große Bärenfluß auf den Mackenzie trifft, enthäutete die Tiere, machte ein großes Feuer und briet sie. Sie waren so gut im Futter, daß ihr heißes Fett auf den Boden tropfte, der plötzlich Feuer fing." Der Alte sieht zu uns rüber. „Die Stelle, an der der Boden noch heute brennt, müßt ihr oberhalb von Fort Norman passiert haben."

Wir nicken.

„Nachdem nun der Riese gegessen hatte, nahm er die Biberpelze, glättete und spannte sie über die Felsen des Bear Rock. Schaut genau hin", seine Hand wischt in Richtung Felsen durch die Luft, „die roten Flecke vom Blut der Biber sind noch heute dort zu sehen."

Es ist spät geworden... Wir danken dem Erzähler und machen uns auf den Weg zurück zum Boot. Einige Leute des Ortes grüßen uns freundlich.

Als wir mit dem Kanu den Punkt erreichen, an dem Mackenzie und Great Bear River aufeinandertreffen, gleitet unser Kanu von grauem in glasklares und eiskaltes Wasser. Noch geraume Zeit werden die beiden Ströme im gemeinsamen Flußbett nebeneinander herfließen, bis sie sich irgendwann vermischen.

Am selben Tag passieren wir Half-Way Island. Die Hälfte des Mackenzie River haben wir jetzt geschafft. Juliana spendiert zur Feier des Tages ein Stück Schokolade. Bei mir will richtige Freude nicht aufkommen. Das Ende des Trips rückt bedrohlich näher.

Eine gute Tagesreise ist es noch bis Norman Wells, dem Ölprinzen vom Mackenzie River. Als wir uns dem Ort nähern, fegt ein kalter Wind über den Strom. Eine merkwürdige Stimmung lastet auf den flachen Häusern und der einzigen Erdölraffinerie in der kanadischen Arktis. Graue und schwarze Wolkenhaufen türmen sich über dem Nest und vermischen sich mit dem Rauch der Industrieanlage. Dann und wann zwängen sich mühsam Sonnenstrahlen durch die Wolken. Wo es ihnen gelingt, glänzen sie wie diffuse Lichtkreuze.

Regen Flugverkehr registriere ich: Helikopter, Wasserflugzeuge und ein großer Jet von Pacific Western Airline. Was Öl doch alles bewirkt!

Schon Alexander Mackenzie hatte 1789 in seinen Tagebüchern vermerkt, daß er „Stücke von Petroleum" hier habe treiben sehen.

1919 wurde von „Imperial Oil" das erste Bohrloch gebohrt. Damit begann der wirtschaftliche Aufstieg dieser kleinen Siedlung in der Arktis. 1942 sollte Norman Wells einer der bekanntesten Orte Nordamerikas werden.

Es war in der Folge des japanischen Bombenangriffs im Dezember 1941 auf das ferne Pearl Harbour auf Hawaii und die Furcht vor einer Ausweitung des Krieges auf eigenes Territorium, die dazu führte, daß der amerikanische Nordwesten nach Asien hin militärisch abgesichert wurde. In dieser Situation hatte man sich auf das Erdöl am Mackenzie besonnen, hundertfünfzig Kilometer südlich des Polarkreises. Unter dem Druck des Krieges fiel innerhalb weniger Wochen die von Kanada unterstützte US-amerikanische Entscheidung zum Bau einer Pipeline von Norman Wells nach Whitehorse in den Yukon-Territorien. Ein gigantisches technisches, aber auch menschliches Problem.

Der Aufruf an Freiwillige, sich zum Bau der Pipeline und ihrer Versorgungsstraße zu melden, ließ keine Zweifel offen, was sie in der Arktis erwartete: *„This is no picknick...* Sie werden sich durch Sümpfe zu kämpfen haben, durch Flüsse, bei Eis und Kälte... Wenn Sie nicht bereit sind, unter diesen Bedingungen zu arbeiten, stellen Sie keinen Antrag. "

Aber sie kamen doch: Alles in allem arbeiteten 52900 Männer hier. 70000 Tonnen Ausrüstung wurden via Mackenzie River nach Norden gebracht, davon viele hundert Lkws. Manch einer davon versackte in der Tundra – für alle Zeiten. Insgesamt verlegten die Männer in eineinhalb Jahren 2560 Kilometer Pipeline-Rohre. Die Versorgungsstraße zur Pipeline erhielt den Namen „Canol Road", eine Bezeichnung, die für Canadian Oil steht. Mehr Straßenkilometer wurden in den Urwald geschlagen, mehr Busch-Airports gebaut als beim Bau des berühmten Alaska High-

Verlassene Autoveteranen am Rande der Canol Pipeline

ways. Doch der Rausch der Aktivität war kurz. Zwar floß Anfang 1945 das Öl, aber nur mäßig. Das „Aus" für Canol fiel bereits zum 30. Juni 1945.

Zurück blieben Material und Ausrüstung im Werte von 300 Millionen Dollar. Manches – so die Pipeline – wurde weitgehend demontiert, einiges demoliert. Erosion tat ein übriges. Heute ist die Canol Road eine Straße für Abenteurer, Jäger, Trapper, Prospektoren.

So unglaublich die Geschichte der Pipeline klingt, so großartig ist die Landschaft, durch die sich die Straße noch heute zieht. Nur Teile der alten Canol Road sind vom Alaska Highway aus mit Autos zu befahren; an den letzten 372 Kilometern zwischen der Grenze der Yukon-Territorien und dem Mackenzie River aber nagt der Zahn der Zeit. Brücken wurden fortgespült, die Straße von Flüssen und Regengüssen weggerissen. Dieser Teil der Canol

Road bis nach Norman Wells gilt als Geheimtip unter Wanderern auf die harte Tour.

Oberhalb Norman Wells schlagen wir unser Camp auf. Ich gehe allein in den Ort, um unsere Post und die fällige Registration bei der Polizei zu erledigen. Kaum habe ich meine Füße auf die Schotterpiste gesetzt, hält ein *Government truck* neben mir. Der Fahrer nimmt mich mit in den Ort und erzählt dabei, daß er vor zwei Tagen ein Floß mit einigen Burschen auf dem Weg nach Inuvik vorbeitreiben gesehen habe. Am Supermarkt steige ich aus.

Nach den Wochen des Sitzens im Kanu hatte ich mich eigentlich auf einen kleinen Fußmarsch gefreut, aber auch beim Rückweg wird nichts daraus. Keine hundert Meter bin ich aus dem Ort rausmarschiert, als ein anderer Truck neben mir hält und ein junger Bursche mir einen *lift* anbietet. In Nordamerika, besonders im entlegenen Busch, habe ich den Eindruck, als würden Fußgänger als bemitleidenswerte Geschöpfe angesehen.

„Verrücktes Wetter hier", sagt der Fahrer. „Heute Wind und Kälte, morgen Windstille und Affenhitze. Ständig im Wechsel." Ihm macht dieses Hin und Her zu schaffen. Er ist aus Ontario, hier reizt ihn nur der „schnelle Dollar", die Möglichkeit, in kurzer Zeit viel Geld zu verdienen.

Am Morgen des 13. August hängen dicke schwarze Wolken am Himmel. Die Stimmung ist dramatisch. Dann und wann blinzelt die Sonne hinter den Wolken hervor. Während ich das Zelt zusammenbaue, ist über uns in einer großen Fichte ein Eichhörnchen hektisch dabei, Wintervorräte zu sammeln. Um uns herum im Waldboden hat der Schwerarbeiter bereits zwölf Löcher gegraben und sie mit Fichtenzapfen vollgepfropft.

Gegen Mittag nähern wir uns den Sans Sault Rapids. Wir ziehen unsere Schwimmwesten über. Ganz kurz nur tost das Wasser, das Kanu wird hin und her geworfen, dann sind wir durch. Nachmittags beginnt es zu regnen. Wir verkriechen uns ins Zelt. Nach einigem Suchen empfange ich auf Kurzwelle „Radio Deutsche Welle" aus Köln. Der Empfang ist gut, doch was um die halbe Welt zu uns dringt, deprimiert mich: Von Aufrüstung spricht man, vom Atomschauplatz Europa. Das Gezänk der Welt in diese Harmonie zu tragen, kommt mir fast vor wie Blasphemie.

„Mach den Kasten aus. Ich möchte das nicht hören." Es ist Juliana, die das sagt, und sie spricht mir aus dem Herzen.

Wenn es einen „Freitag, den Dreizehnten" gegeben hätte, würde ich die Ereignisse vielleicht besser verstehen können. So aber frage ich mich in der Rückschau, wie es zu dem Unglück kommen konnte: Freitag, der Vierzehnte, wird unser „schwarzer Freitag".

Tagebucheintrag Freitag, 14. August:
Der Tag beginnt angenehm. Juliana bereitet ein ausgezeichnetes Frühstück zu mit *bacon and eggs*. Dabei ist es windstill und sonnig. Wie immer geben wir uns vor dem Start einen Kuß: „*Good luck...* und sichere Fahrt." Nach etwa einer Stunde Paddelei sehen wir am rechten Ufer Menschen. Zunächst halte ich sie für Indianer im Sommer-Camp, doch auf gleicher Höhe mit ihnen erkenne ich, daß es junge Weiße mit einem Kanu sind. Wir winken, aber nur das Mädchen winkt zurück.

Fünfzehn Minuten später: Immer dichter kommen wir auf die hoch aufragenden Felsen der „Ramparts" zu, einer Schlucht, durch die sich der Mackenzie durchzwängt. Plötzlich vor uns ein Küstenwachschiff, groß, weiß, Gischtwolken vor sich herschiebend. Momente später tanzen auf der ganzen Breite der Ramparts weiße Schaumkronen.

Sollten da Stromschnellen sein? Keiner hatte uns davon erzählt, in keiner Flußinformation hatte darüber etwas gestanden. Ich bin verunsichert, weiß nicht, welchen Kurs wir nehmen sollen. Unentschlossen kreuzen wir hin und her und paddeln letztlich auf die rechte Seite des Flusses. Deutlich erkenne ich jetzt den Namen des Schiffes: *Tembah*. Zwei Männer an der Reling winken und rufen, im Getöse verstehe ich kein Wort.

Die Ramparts kommen immer näher. Der zuvor fünf Kilometer breite Fluß preßt sich hier auf eine Breite von achthundert Metern durch senkrechte helle Felswände wie durch einen Trichter. Juliana hat Angst. Ich tröste sie: „Ist doch nur ,kochendes Wasser', das haben wir schon so oft erlebt." Trotzdem ziehen wir unsere Schwimmwesten an und kontrollieren die Bootsabdeckung.

„Laß uns anlegen und die Stromschnellen erst mal anschauen."

„Unmöglich. Sieh dir die Wassergeschwindigkeit an. Wenn wir mit dem Boot gegen die Felsen knallen, gibt's Bruch." Ich hole eilig meine Kamera raus und mache ein Foto von Juliana vor mir und den Felsen im Hintergrund. Es ist das letzte Foto, das je mit dieser Kamera gemacht habe.

Hastig packe ich den Apparat weg, schiebe die Fototasche unter meine Sitzbank. Augenblicke später fängt das Wasser an zu brodeln, das Trommelgeräusch der Stromschnellen wird lauter und steigert sich zum Dröhnen. Ich brülle zu Juliana: „Nach links paddeln. Wir sind zu weit nach rechts gekommen!" Und nur des Schiffes wegen...

Immer näher kommen wir dem tosenden Gedröhn.

„Da, vor uns ein Wasserfall!" Juliana dreht sich um, sieht mich an, ohne ein Wort.

Ich will was sagen. „Da müssen wir durch", ist das einzige, was mir einfällt, und: „Viel Glück, Schatz!"

Dann geht's los... In Schußfahrt jagen wir durch hohe Wellen, dann den Wasserfall runter. Wie von selbst gleiten wir wie in einen Schlund. Meine Gefühle in diesem Moment? Angst? Eigentlich nicht. Vielleicht, weil ich keine Zeit dazu hatte...

Noch mal krachen wir über Felsen. An einer Felsnase legt sich das Boot quer. Das Wasser um uns herum tanzt. „Verdammter Mist, gleich schlägt unser Kanu um!" Die Wellen sind zwei Meter hoch, und von allen Seiten stürzen sie auf uns ein. Eine Woge trifft Juliana am Kopf und wirft sie zurück. Für Momente ist sie benommen und kriegt keine Luft. „Als sei mein Herz für Sekunden stillgestanden", sagt sie hinterher. Aber im Boot fällt kein Wort. Zwei Wellen treffen mich, werfen mich nach hinten. Ich habe Angst, herausgeschleudert zu werden. Ich spüre ein Fetzen an meinen Knien – mit einem Schlag hat eine weitere Welle unsere Bootsabdeckung weggerissen. Wasser schwappt um meine Beine. Unser Boot ist vollgelaufen. Oberkante des Kanus und Wasserspiegel bilden eine Höhe.

„Rechts hin zum Ufer!" schreie ich Juliana zu. Was bin ich froh, daß sie in solchen Situationen die Nerven behält.

Es ist fast ein Wunder, daß unser Kanu nicht untergeht. Die Fototasche ist unter meinem Sitz hervorgespült worden und drängt an die Wasseroberfläche. Ich weiß, wenn das passiert, sind wir Kameras, Objektive, Pässe, Geld und Schecks los. Eine neue Welle läßt uns zur Seite kippen. Dann, wie von einer starken Hand gedrückt, richtet sich die Bootsspitze auf, und das Kanu steht fast senkrecht. Wir krallen uns fest und drücken das Boot durch unser Körpergewicht in die richtige Position zurück. Das wiederholt sich fünfmal. Wir schaffen's – auch die Fototasche unter Wasser zu halten! Glücklicherweise haben wir die Paddel nicht verloren. Bis zur Brust im Wasser sitzend, kommen wir mit schweren Schlägen ans steinige Ufer.

„Da drüben – eine Geröllhalde! Laß uns versuchen, dorthin zu kommen."

Brandungswellen lassen das volle Boot gegen Ufersteine knallen. Wir springen raus, versacken dabei tief im Schlamm.

Irgendwie gelingt es uns, das tanzende Kanu zu entladen, ohne etwas zu verlieren. Doch… unser kleines Sonnenölfläschchen treibt im Wasser. Ich könnte es noch greifen, aber sei's drum. Nur kein Risiko eingehen und das Boot im letzten Moment noch loslassen!

Das leere Kanu ziehen wir an Land. Mein erster Griff gilt der Fototasche. Mit eisigen, zitternden Händen zerre ich am Reißverschluß. Aus meiner Kamera läuft das Wasser. Ruiniert! Ausrüstung im Wert von einigen Tausend Dollar. Mußte das passieren, jetzt zum Ende des Trips?!

„Die kleine Rollei hat im Plastikbeutel überlebt!" Ich wische einige Spritzer vom Apparat. Der Belichtungsmesser funktioniert noch…, dann sollte der Rest auch o.k. sein. Mit flatternden Händen prüfe ich meine Filme. Dank der wasserdichten Filmpatronen sind alle trocken.

Juliana kommt auf mich zu, triefnaß und verfroren. Ich lege meinen Arm um sie. „Nur *boiling water*", wiederhole ich meine Worte von vor fünfzehn Minuten. Welch ein Irrsinn!

144

In rasender Eile leeren wir unsere Taschen und Beutel und legen alles zum Trocknen raus. Als ich mein 400-Millimeter-Teleobjektiv auseinanderschraube, spritzt in hohem Bogen Wasser raus. Ein Tiefschlag für einen Fotofreund. Trotzdem bin ich ganz ruhig. Vielleicht war mir immer bewußt, daß dies irgendwann mal passieren könnte..., trotz aller Vorbereitung, Planung, Umsicht. Ein Restrisiko bleibt. Einen Moment huscht ein kleines Schmunzeln über mein Gesicht. Komisch, über schwarzgebrannte Bannocks am Lagerfeuer kannst du dich ärgern, aber hier sagst du nichts.

Als wir mit der kleinen Rollei von uns Fotos machen, um die Situation zu dokumentieren, zittere ich am ganzen Körper. Das einzige, was von meiner Ausrüstung trocken geblieben ist, ist eine lange Unterhose. Ich ziehe sie an und fühle mich etwas besser. Alles andere, mit Ausnahme unserer wasserdicht verpackten Schlafsäcke, ist durchgeweicht. Während Juliana unsere breiigen Le-

Gekentert in den Stromschnellen der Ramparts

bensmittel zum Trocknen auf den Felsen ausbreitet, knallen von den Hängen Geröll und Steine neben uns herunter.

Im Laufschritt sammle ich Treibholz und baue ein kleines Lagerfeuer. Juliana kocht starken Kakao.

Arktische Taufe, geht's mir durch den Kopf. Nur einige Kilometer vom Polarkreis entfernt.

Die nächsten Stunden verbringen wir damit, Sachen auszupakken, aufzuhängen und zu sortieren. Langsam kommt die Sonne um die Kliffs, und es wird wärmer. Unsere Lebensmittel sind arg in Mitleidenschaft gezogen worden. Der Tee ist aufgequollen und unterscheidet sich im Aussehen kaum von meinem triefenden Pfeifentabak. Unser Toilettenpapier sieht aus wie ein Klumpen Papiermaché. Mit viel Geduld und Mühe werden wir es die nächsten Tage trocknen, Blatt für Blatt säuberlich lösen, um Bäume wickeln und den scharfen Nordlandwind durchpfeifen lassen. So schnell wirft ein Voyageur nichts fort...

Gegen Abend sind unsere Sachen leidlich trocken, auch unser Tagebuch. Wir packen. Als wir das Kanu zum Wasser tragen, entdeckt Juliana ein Loch im Boden unter meinem Sitz.

„So ein Mist, das hat uns gerade noch gefehlt." Ich sehe mir den Schaden an und finde noch ein weiteres Loch. „Warum haben wir uns das Boot nicht angeschaut, bevor wir es beladen haben? Jetzt geht die verflixte Packerei wieder los!"

Da dunkle Wolken am Himmel hängen, beginnen wir fieberhaft mit den Vorbereitungen für die Reparatur. Juliana bemüht sich, ein neues Feuer in Gang zu kriegen. Mein Messer muß das tropfnasse Schmirgelpapier ersetzen. Hektisch kratze ich auf dem Bootsboden hin und her, um ihn aufzurauhen. Mehrere Lagen Fiberglas lege ich dann von innen und außen auf. Zum Glück bleibt der Regen aus. Trotzdem, um das Härten der Fiberglasflicken zu beschleunigen, halten wir das Kanu immer wieder dicht über die Flammen.

Drei Stunden später sitzen wir endlich im Boot. Die Felswände der Ramparts sind goldgelb beschienen. Im Spiel von Licht und Schatten glaube ich in den Auswaschungen mal ägyptische Kolossalstatuen, mal die berühmten Präsidentenköpfe vom Mount

Rushmore in Dakota zu erkennen. Hinter uns türmen sich schwarze Wolkenberge. Wir wollen noch bis zum nächsten Ort kommen... Fort Good Hope – Fort der guten Hoffnung. Welch ein Name nach alldem, was geschehen ist!

Wir erreichen Fort Good Hope diesen Abend nicht mehr. Kurz, aber heftig bricht eine halbe Stunde später ein Regen los. In aller Eile landen wir an, bauen unser Zelt auf. Gegenüber, auf der anderen Flußseite, ist ein Indianer-Camp. Ein halbes Dutzend Schlittenhunde heult, langgezogen, klagend. Vermutlich haben sie mehr Wolfs- als Hundeblut in den Adern. Vielleicht hätte ich zu einem anderen Zeitpunkt das Geheul als schauerlich empfunden. Heute höre ich es gern, vielleicht wegen des Klagetones...

Ich hatte befürchtet, wir könnten an diesem Abend nicht zur Ruhe finden. Kaum haben wir aber die Schlafsäcke über die Ohren gezogen, fallen wir beide in tiefen Schlaf.

Am Polarkreis

Fort Good Hope, der älteste Pelzhandelsposten am unteren Mackenzie River, liegt zwanzig Meter oberhalb des Flusses. Rund fünfhundert Hareskin-Indianer leben hier, daneben eine Handvoll Weiße, meist in offizieller Mission für die Regierung.

Wenn man vom Fluß kommt, fällt der Blick als erstes auf die kleine Holzkirche; zwei Missionare haben sie vor gut hundert Jahren gebaut. Unmittelbar neben der Kirche befindet sich ein gepflegter kleiner Friedhof mit weißgestrichenen Zäunen um die Gräber herum. An diesem Tag aber ist da noch etwas, das meine Aufmerksamkeit fesselt: ein mächtiges Floß. Von der Besatzung allerdings ist niemand zu sehen. Als ich mich über das schwere Gefährt beuge, entdecke ich auf einem alten Wasserbehälter die deutschen Worte: „...ein Loch ist im Eimer".

„Du, das müssen Deutsche sein. Laß uns die Augen offenhalten, vielleicht treffen wir sie." Mit einem Floß zu fahren, davon hatte ich selbst schon geträumt.

Auf einem schmalen Pfad gehen wir hoch in den Ort. Die meisten Gebäude des Forts Good Hope sind ansprechende kleine Blockhäuser. Sie wirken schlicht, doch alle haben sie dicht schließende, doppelt verglaste Fenster. Der Winter hier ist eisig, nur noch siebenundzwanzig Kilometer sind wir vom *arctic circle*, dem Polarkreis, entfernt.

Es ist kühl an diesem Morgen. Die Luft ist klar, und wir haben eine fabelhafte Sicht vom Ort auf den Mackenzie River. Auf einer Bank sitzen einige Hareskin(Hasenfell)-Indianer beim Morgenschwatz. Wir fragen sie nach dem Weg zur „Bay". Freundlich weist man uns die Richtung. Ich bin überrascht, am Laden noch ein altes windschiefes Schild mit den eingebrannten Buchstaben „Hudson's Bay Company" zu finden.

Nachdem wir unseren Einkauf erledigt haben, setzen wir uns zu den Indianern. Juliana kommt mit einer alten Frau ins Gespräch, die gerade ihren Mann im Hospital in Edmonton besucht hat. In schweren Krankheitsfällen müssen die Einwohner von Fort Good Hope rund zweieinhalbtausend Kilometer nach Süden geflogen werden. Für Indianer ist das kostenlos. Einen Arzt gibt's im ganzen Ort nicht, nur eine Krankenschwester, und der Zahnarzt kommt gelegentlich auch vorbei, in regelmäßigen Abständen sogar..., alle vier Wochen.

Als Juliana sich verabschiedet, um unsere Lebensmittel im Boot zu verstauen, bummle ich allein weiter. Die Atmosphäre in diesem Nest ist angenehmer als in anderen. Häufig werde ich gegrüßt.

Eine Haustür öffnet sich vor mir, ein junger Indianer kommt raus. *„Hello, stranger."* Ich merke, daß er etwas alkoholisiert ist. Nach einigen freundlichen Sprüchen lädt er mich ins Haus ein. Es ist sauber und gepflegt. An der Wand hängt ein Poster mit knallig bunten Typen aus der Fernsehserie „Sesamstraße". In einer Ecke des Wohnraums flimmert der Farbfernseher, der Stolz des Hauses.

„Erst seit einigen Wochen gibt's Fernsehen in Fort Good Hope. Seitdem triffst du fast keine Menschenseele mehr auf der Straße... Übrigens, willst du was trinken?" Ich bejahe.

„Easy", so heißt mein neuer Bekannter, holt einen Becher und füllt ihn mit *brew,* wie er sagt, das Hauptgetränk der Gegend. Er lacht dabei. „Ganz einfach herzustellen: Nimm Apfel- oder Orangensaft, koch ihn mit Rosinen auf, gib Hefe dazu. Dann laß den *brew* zwei bis drei Tage stehen. Zum Schluß mußt du nur noch etwas Zucker unterrühren."

Ich sage, daß er mir ganz gut schmeckt. Etwas erinnert er mich an Reiswein aus Asien.

Außer uns sind noch Easys Schwester und eine Nachbarin im Haus. Auch die beiden bechern *brew.* Die Nachbarin ist ganz aufgelöst und weint. Ihr Mann befindet sich auch in einem Krankenhaus in Edmonton. Vor kurzem war er in Arctic Red River während der „Nördlichen Sommerspiele" von einem Betrunkenen im Auto angefahren und schwer verletzt worden. Es dauert nicht lange, und ich spüre, wie meine Gastgeber müde werden. Aha, Wirkung des *brew!* Easys Schwester hat sich am Boden auf die Knie gehockt, den Oberkörper nach vorn und die Hände auf den Schoß gelegt. Sie schläft. Es wird Zeit für mich zu gehen.

Als ich zu Juliana zum Boot zurückkehre, ist dort schwer was los. Die Besatzung des Floßes ist zurückgekehrt: Christopher aus Zürich und Achill aus Hamburg. Großes Hallo allerseits.

Ein RCMP-Officer, der gerade dienstfrei hat, ist auf einen Schwatz zum Anleger gekommen. Auf meine Frage sagt er, daß schon einige in den Ramparts Probleme gehabt hätten. Im Frühjahr sei nicht mal der Hauch einer Wasserturbulenz zu spüren, aber jetzt, gegen Ende des Sommers, führe der Fluß Niedrigwasser; etwa vier Meter sei er unter mittlerem Niveau. Und dann seien die Ramparts tückisch.

Vor zwei Jahren war ein Kanute dort mit seinem Boot umgeschlagen. Er hatte alles verloren, das Boot eingeschlossen. Irgendwie war es ihm gelungen, sich nach Fort Good Hope durchzuschlagen. Eines Nachts hatte er, nur in Unterwäsche und durchgefroren, vor dem Haus des Officers gestanden. Zum Glück war ihm seine Kreditkarte verblieben. Mit ihr konnte er sich bei der „Bay" neu einkleiden, ein Flugticket kaufen und nach Süden zurückfliegen.

Auch Easy hatte mir von einem Unglück in den Ramparts erzählt: von vier Jägern, die mit einem großen Lastkanu und erlegten Elchen von der Jagd gekommen waren. Bei Niedrigwasser waren sie auf die Felsen gekracht und gekentert. Trotz aller Tragik gibt mir das etwas Trost.

Achill, der deutsche Flößer, schlägt vor, wir sollten unser Kanu an ihr Floß hängen, dann könnten wir noch etwas klönen. „Ihr könnt auch eure nassen Sachen auf dem Floß trocknen. Platz haben wir genug."

Das ist natürlich ein Angebot, das wir gerne annehmen. Huckleberry Finn in der Arktis! Ich habe schon wieder glänzende Augen...

Minuten später ist Juliana dabei, sich auf ihre Art zu etablieren: Feuchte Pullover flattern im Wind. Auf dem Tisch bauschen sich unsere dicken Daunenschlafsäcke. Dann backt sie zur Freude aller Rosinenkuchen auf der kleinen Feuerstelle des Floßes.

In Höhe des Rabbit Skin River klettere ich ins Kanu und paddle los, um fürs Abendessen einige Hechte zu fangen. Als ich die Flußmündung erreiche, liegt Rauch in der Luft. Auf einer Geröllbank erkenne ich zwei Leute, einen Mann und eine junge Frau. Es sind die beiden, die wir vor unserer Kenterung am Ufer gesehen hatten. Ich grüße und gehe auf sie zu. Über einem großen Lagerfeuer haben sie ein Holzgestell errichtet, an dem ein Braten hängt.

„Hallo", sage ich, *„nice day."*

Er ist nicht gesprächig, erwidert meinen Gruß kaum. Auf meine Frage eine knappe Antwort: Aus Deutschland sei er. Irgendwo am Niederrhein. Sie kommt aus Australien.

Was ich an spärlichen Informationen von ihnen erhalte, führt dazu, ihn still für mich als „Wildtöter" zu bezeichnen: „Ein Stachelschwein ist das da auf dem Feuer." Fast jede Nacht morgens gegen vier Uhr liegt er auf der Lauer, dann nämlich kommen die Stachelschweine raus, um am Fluß zu saufen. „Du brauchst nur einen Knüppel. Die laufen dir nicht weg. Mußt nur ein-, zweimal kräftig zuschlagen."

Ich weiß, daß in Nordamerika Stachelschweine eigentlich nicht gejagt werden, da sie als leichte Beute für Menschen in Not gel-

Achill und Christopher mit ihrem Floß „Arctic Raft" beim Ablegen in Fort Good Hope

ten; sie sind einfach zu erlegen, aber auch schmackhaft.

Während ich zum Boot gehe, denke ich daran, daß dies bei all meinen Reisen durch Kanada die erste Begegnung mit anderen Kanuten war, bei der ich den Eindruck hatte, gestört zu haben. Bei meinem Abschiedsgruß hatte der „Wildtöter" nicht mal aufgesehen.

Das Floß hole ich am späten Nachmittag ein, ohne Fische fürs Abendessen gefangen zu haben. Wir machen mit Achill und Christopher aus, uns morgen früh irgendwo am Ufer zum Frühstück zu treffen. Dann paddeln Juliana und ich in die Dämmerung des späten Abends hinaus. Unser Nachtlager steht bereits, als das Floß in der Ferne langsam vorbeitreibt. Da sich im Grau der Nacht Fluß und Himmel nicht voneinander trennen lassen, habe ich den Eindruck, als schwebe es. Ganz leise vernehme ich das Klatschen der Ruder am Ufer.

Am anderen Morgen lege ich noch einmal meine ruinierte Fotoausrüstung zum Trocknen in den Wind. Eigentlich bin ich mir der Sinnlosigkeit meines Bemühens bewußt, aber...

Unvermittelt kommt starker Wind auf. Feiner von Sandbänken aufgewirbelter Staub liegt über dem Mackenzie-Tal. Wir packen, brechen auf und versuchen uns wegen hoher Wellen in Ufernähe zu halten, als wir nach gut einer Stunde auf ein recht malerisches Indianer-Camp stoßen: Zwei große weiße Wohnzelte, zwei Räucherzelte und Gestelle zum Trocknen von Fischen.

Wir legen an, und kaum habe ich einen Fuß ans Ufer gesetzt, sind wir auch schon von Kindern umlagert. Ein kleiner, gebeugter Mann folgt ihnen. Ich überlege mir, ob er wohl Englisch spricht.

„Welcome to our fishing camp." In tadellosem Englisch heißt er uns willkommen. Ich bin überrascht.

Wir binden unser Boot an sein Motorkanu und folgen ihm hoch zum Camp. Überall hängen Fische an Gestellen. Dazwischen kräuselt sich feiner Rauch.

„Die habe ich gerade heute früh im Mackenzie River gefangen." Der Alte sagt, daß dabei einige fünfzehnpfündige coni und 'ne ganze Menge Heringe gewesen seien.

„Heringe?" frage ich erstaunt.

„Yeah, die kommen von der Beaufort-See den Fluß runter bis zu den Sans Sault Rapids. Und wenn sie kommen, dann kommen sie in großen Schwärmen." Der Alte lacht still in sich hinein. „Dann gibt's pralle Netze."

Er benötigt die Fische hauptsächlich als Hundefutter für den Winter. Von diesem modernen Zeug, den Skidoos, die die meisten jungen Leute heute hätten, hält er nichts. „Ständig kaufen sie sich neue Dinger. Wenn sie kaputtgehen, lassen sie sie einfach im Busch liegen."

Aber er erzählt uns auch, daß viel Arbeit in der Betreuung seines dog teams stecke. Er berichtet vom Fischefangen, davon, daß die gesäuberten Fische in der Sonne getrocknet werden müssen und anschließend für viele Tage in das schon schwarze Räucherzelt kämen, in dem immer einige Baumstämme glimmten. *„Dried fish is good."* Er geht zu einem Fisch, bricht ihn auf, reißt ein Stück heraus und drückt es mir in die Hand. „Probier's!" Es schmeckt wirklich gut.

Aber der Fisch ist nicht nur allein für die Hunde da. Auch seine Familie und er essen ihn. *„Good for a change in winter."*

Er lädt uns ein, auf säuberlich hingelegten Fichtenzweigen vor seinem geräumigen Zelt Platz zu nehmen. Er weist auf seine Frau: „Sie ist meine zweite Frau, die erste ist an Tbc gestorben." Er sieht uns an. „Aber auf so viele wie mein Nachbar habe ich es nicht gebracht." Jetzt lacht er mit seinem zahnlosen Mund. „Der hat schon die dritte."

Seine ältere Tochter bereitet Kaffee zu und bringt uns frische Bannocks, richtig gute Butter aus der Dose und leckeren Honig. Erst lassen uns unsere Gastgeber essen, dann greifen auch sie zu.

Fischende Indianer im Sommer-Camp

Fische dienen als Hundefutter im Winter

Seit zwei Jahren steht ihr Zelt hier oben, fast genau auf dem Polarkreis. Nur zwischen Juni und September leben sie im Camp. Im Winter sind sie *downtown*, das heißt in Fort Good Hope. Der Alte erzählt, daß er noch vor wenigen Jahren Fallen gestellt habe. Jetzt arbeite er, wie die meisten, im Winter nicht mehr.

Auf dem gebeugten Körper sitzt ein zwar faltiger, aber pfiffiger Kopf. In der Schule, sagt er, habe er Englisch und Französisch gelernt, und er sei von Tuktoyaktuk am Ende des Flußdeltas bis hin zum Großen Bärensee viel herumgekommen. Er öffnet noch einmal seinen zahnlosen Mund zum Grinsen, als wir auf Schule zu sprechen kommen. „Schule ist gut..., aber nicht zuviel davon..."

Ich bummle zu seinem Nachbarn rüber. Seine Frau ist eine hutzelige Alte mit von Wind und Wetter gegerbtem, faltigem, aber sehr ausdrucksvollem Gesicht. „Hallo." Sie nickt. Englisch spricht sie nicht. Sie ist gerade dabei, Fische der Länge nach in feine Streifen zu schneiden und dann quer einzuritzen. Ihr Mann, der zum Glück Englisch spricht, sagt, daß er die Trockenfische verkaufe und rund fünfzig Dollar für fünfzig Pfund kriege.

Als wir nach diesem Besuch zurück zum Boot gehen, bringt die Tochter unseres ersten Gastgebers eine Tüte mit getrocknetem Fisch hinter uns her. Wir danken und winken. Lange noch bleiben die Indianer am Ufer stehen und winken zurück.

Der Wind hält mit unverminderter Gewalt an, und die Wellen auf dem Fluß sind hoch. Nach eineinhalb Stunden mühseliger Paddelei legen wir an. Wir frieren. Kommt der Winter schon jetzt?

Erstmals auf unserem Trip habe ich heute goldenes Herbstlaub gesehen. Wir machen ein großes Feuer und rücken dicht an die Flammen heran. Dabei toaste ich den Rest meines gewässerten Pfeifentabaks im Kochtopf, Juliana näht die zerfetzte Bootsabdeckkung.

Wo mögen die beiden Flößer jetzt wohl sein? Haben wir uns verpaßt? Wir beschließen, morgen die Augen aufzuhalten.

Der Sonnenuntergang entschädigt für die Kälte des Abends. Wie auf ein Signal beginnen zwei *loon* auf dem Fluß gleichzeitig zu peifen und zu lachen. Das Echo tritt über den Mackenzie River, bis in der Ferne ein anderer Vogel antwortet. Meine Hände umfassen den heißen Teebecher. Das Feuer flackert. Ich sehe in die Glut. Die Tauchvögel lachen immer noch. Ganz tief sauge ich diesen Eindruck in mich ein.

Schneetreiben am Eismeer

Am nächsten Tag treffen wir Achill und Christopher wieder, allerdings anders, als wir es uns vorgestellt hatten. Ihr Floß liegt auf einer breiigen Sandbank, festgesogen und manövrierunfähig. Wir vier sind niemals in der Lage, den zwei Tonnen schweren Koloß auch nur einen Zentimeter zu bewegen. Hinter Brettern, notdürftig als Windschutz auf der Sandbank errichtet, beratschlagen wir. Letztlich beschließen Achill und Christopher, ihren Außenbordmotor, ein altväterliches Ungetüm, das sie im Süden „für alle Fälle" gekauft hatten, in Gang zu bringen und im Kanu mit Motorkraft nach Fort Good Hope zurückzufahren.

Juliana und ich bleiben zurück und schieben Wache. Viel unternehmen können wir nicht. Außer einer naßkalten Sandbank und muddigem Mackenzie-Wasser ist nichts um uns herum. Gegen Abend wird es bitter kalt. Eisiger Wind pfeift über unseren ungeschützten Platz. Wir ziehen uns so warm an wie möglich; lange Unterhosen, jeder zwei Paar Socken und zwei Jacken. Wenn's nicht so lausig kalt gewesen wäre, hätte ich der Nacht gewiß noch Romantik abgewinnen können. Vor dem dunklen Horizont machen sich die Konturen des Floßes malerisch aus. Daneben die Umrisse unseres schlanken Kanus. So aber frieren wir nur, warten und frieren.

Am Nachmittag des nächsten Tages kehren Achill und Christopher zurück, bequem auf einem riesigen Luxusmotorboot. Ihr Kanu haben sie darauf festgebunden. Ted, der Besitzer des Motorbootes, will seine 140 Pferdestärken für die Flößer galoppieren lassen. John Henderson, der freundliche RCMP-Officer, mit dem wir in Fort Good Hope geschwatzt hatten, ist auch dabei. Wie wir zieht er sich bis auf die Unterwäsche aus, um beim Freilegen des Floßes Hand anzulegen.

Eine halbe Stunde Schwerstarbeit – und wir haben es geschafft! Mit dröhnenden Motoren zieht Ted das Floß Richtung Flußmitte. Wir hatten mit Achill und Christopher vereinbart, uns ein Stückchen unterhalb der Sandbank am Ufer zum gemeinsamen Abschiedsessen zu treffen. In kurzer Zeit gelingt's mir, zur Bereicherung des Speisezettels vier stattliche Hechte zu fangen. Zufrieden paddeln wir hinter dem Floß her. Juliana erzählt mir dabei von ihrem Gespräch mit der Freundin des „Wildtöters". Als wir das Floß freilegten, waren die beiden zufällig auf uns gestoßen. Bevor sie hierher kam, war die Australierin ein Jahr in Deutschland gewesen.

„‚Aber das war schon viel zu lange‘, hat sie gesagt. Ich fragte sie, was ihr denn nicht gefallen habe. Ihre Antwort: ‚Alles!‘"

Vielleicht muß man so empfinden, wenn man nach außen hin derartig verschlossen und abweisend ist. Ich selbst hatte mich beim „Wildtöter" erkundigt, wo er Fallenstellen gelernt habe. Seine Antwort: „So was lernt man bei uns in der Kinderstube." Merkwürdige Kinderstube da am Niederrhein.

Am anderen Morgen, nach einem unvergeßlichen Abend mit Globetrotterromantik, Riesenfeuer, Riesenportionen und Lagerfeuer-Storys, die nicht enden wollten: Der Fluß ist sehr breit geworden und malerisch dazu, mit vielen Sandbänken, Inseln und hohen Ufern. Es ist kühl. Wir paddeln kräftig, und die Zeit vergeht mit Plaudern über unsere neuen Begegnungen wie im Fluge. Plötzlich sehe ich auf einer Insel vier Menschen neben einem Motorboot. Ein Mann winkt. Natürlich paddeln wir hin.

„Könnt ihr uns helfen? An unserem Motor ist die Kurbelwelle gebrochen." Er beschreibt uns den Weg zu einem kleinen Sägewerk am Ufer, wo es ein Funksprechgerät geben soll. „Von da aus könnt ihr Hilfe aus Fort Good Hope herbeordern."

Wir willigen ein. Bei einem Becher heißen Tees kommen wir ins Erzählen. „Viele Kanuten hier sind aus Deutschland", sagt einer. Dann erzählt er von zwei deutschen Mädchen, die kürzlich

Voyageur-Romantik: mit den Flößern am Lagerfeuer

nach Fort Simpson gekommen waren, um dort für den Rest ihres Lebens zu bleiben. „Eine war bereits nach zwei Monaten verheiratet."

Als wir im Sägewerk von der Panne der Bootsbesatzung berichten, ist man dort gerade dabei, einen mächtigen Elch zu zerlegen. Mehr als fünfzig Kilo Fleisch liegen auf einem großen Tisch. Überrascht frage ich, ob die Jagdsaison denn schon begonnen habe. Eine Frau legt nur den Zeigefinger an den Mund, lächelt verlegen und schweigt vielsagend.

Der Winter scheint vor der Tür zu stehen, so als solle der Herbst mit einem Eishauch übergangen werden. Aus den warmen Pullovern kommen wir von nun an nicht mehr heraus.

Am nächsten Tag sehen wir eine gut erhaltene, aber verlassene Blockhütte am Ufer. Ich kann es nicht lassen, sie zu durchstöbern. An den Wänden hängen alte Zeitungen. Auf einer steht „News of the World", darunter ist ein Ozeandampfer abgebildet. Am Rand der Witzseite vom „Free Press Prairie Farmer" aus Winnipeg lese ich das Datum: 29. August 1934.

Vielleicht ist es schon so lange her, daß Menschen das letztemal in dieser Cabin lebten...

Es wird immer einsamer am Rande der Ströme. Viele der Jungen zieht's in die Städte *down south,* und die Alten sterben aus. In einer Broschüre über den Mackenzie River hatte ich gelesen, daß dort, wo der Trabaillant River in den Mackenzie mündet, seit Jahrzehnten das alte Indianerehepaar Agnes und Julius Norbert lebe. Als wir an ihrer Hütte ankommen, schlägt die alte Haustür im Wind... Pflanzen wachsen aus den Ritzen der Blockhausbalken. Nach und nach holt sich das Land zurück, was Menschen für eine kurze Spanne der Zeit für sich nutzen durften.

Am Morgen des 23. August ist es trostlos, naß und eklig kalt. Trotz des Nieselregens stehen wir auf, zwängen uns in Regenmäntel und Gummistiefel. Beim Beladen des Bootes versacken wir ständig im Schlamm. Leuchtendes Herbstlaub streicht an unseren Beinen lang und macht uns bis zu den Hüften klitschnaß. Was soll's... Wir sehen sowieso schon aus wie Erdferkel.

Der Mackenzie River zeigt sich von seiner besten Seite: Das Wasser ist ganz ruhig, kaum ein Wind geht. Aber es ist kalt, nur vier Grad Celsius. Am frühen Nachmittag scheint die Sonne, und am Himmel hängen Tausende von Schäfchenwolken. Ein paar Stunden später klatscht ein heftiger, aber zum Glück nur kurzer Regenguß auf uns nieder. Wenig später überspannt ein leuchtender Regenbogen den Mackenzie. Abends empfange ich im Transistorradio „Radio Inuvik". Was ich von dort höre, macht mich neugierig. Die Durchsagen an die Zuhörer klingen familiär: „An Klara. Ich hab's sicher bis Inuvik geschafft. *Don't worry.*" Eine andere: „An Andy im Busch. Vergiß nicht, das versprochene Geld an die Bank in Regina/Saskatchewan zu überweisen."

*

Dort, wo auf den Mackenzie River der Arctic Red River trifft, liegt der Ort gleichen Namens. Wir halten und schlendern durch die kleine, fast verlassen wirkende Siedlung mit grauen Holzhäusern. Die meisten Dorfbewohner seien beim Fischfang, sagt man uns. Nur das große Haus des katholischen Pfarrers wirkt freundlich. Es ist das erstemal seit langem, daß ich sauber gesteckte Gardinen an Fenstern sehe, davor einen großen Gemüse- und Blumengarten, vorsichtshalber geschützt durch einen dünnen Drahtzaun.

Blauäugige Huskies umschwänzeln mich und lecken mir die Hände. Ich setze mich neben Juliana ins Gras. Vor uns öffnet sich wie ein riesiger Trichter der Mackenzie River. Wir haben das Delta von Kanadas mächtigstem Strom erreicht. Nur noch ein kleines Stück ist es bis Point Separation, dann zerfließt der Strom in vier breite, träge Wasserarme, um sich später in einem Irrgarten schmaler Kanäle zu verästeln.

Ich schiebe meine Hand in die von Juliana. Wie lange noch..., bevor unser Rückweg beginnt? Hier, durch Arctic Red River, werden wir bestimmt wieder kommen, vielleicht in ein oder zwei Wochen. Deutlich kann ich die Fähre erkennen, die Autos über den Fluß setzt, wo der Mackenzie River den Verlauf des neuen Dempster Highways unterbricht. Im Westen, weit in der Ferne, unter einer in Fetzen aufgelösten Wolkendecke, meine ich die Richardson Mountains zu sehen. Es ist nicht mehr allzuweit bis zum Nordpolarmeer... Ein schnelles Motorboot könnte die Strecke in einem knappen Tag schaffen.

Das Mackenzie-River-Delta ist eines der größten Wasservogelparadiese und Brutgebiete der Erde. Ständig ziehen Wildgansschwärme, oft vierzig oder fünfzig laut trompetende Vögel, über uns hinweg. Die Ufer und Inseln des Deltas sind fast unzugänglich, dick mit Schlamm bepackt, den der Mackenzie 1600 Kilometer bis hierher geschleppt hat. Das Anlanden wird für uns oft zur Qual. Als Juliana einmal richtig tief im Dreck versackt, fällt von ihr der Spruch, sie möchte jetzt in einer Badewanne voll heißem Wasser liegen, eine Batterie von Schaumstoffen und Duftwässerchen um sich herum, genüßlich planschen und endlich mal wieder sauber sein. Zum Wäschewaschen und zum Duschen am Ufer

In der Siedlung Arctic Red River: Hier berührt der Dempster Highway den Mackenzie River. Blauäugige Huskies umschwänzeln mich

kommen wir nur noch selten. Zweimal bauen wir vom Boot aus mit Zweigen und Ästen Stege über den Schlamm, um überhaupt an Land zu kommen. Jeder nicht unbedingt nötige Gang zum Wasser unterbleibt.

Am 25. August nehmen die seit gestern beobachteten bizarren Wolkenformen am Himmel zu. Wie Windgesichter – grinsend, verdreht, verwischt. Doch die Sicht ist klar wie selten. Alles wirkt so unglaublich plastisch. Zweimal in schneller Folge ziehen *loons* über uns hinweg und stoßen ihr schrilles Lachen im Fluge aus. Ein anderer *loon* antwortet, von weit her. Wir hören auf zu paddeln. Ich hauche warme Luft an meine eisigen Hände. Kein Wort fällt.

Jedes Geräusch würde nur stören. Das Gelächter der Vögel bricht sich vielfach und geisterhaft tief in den Ufern. Hohl kommt das Echo zurück.

Plötzlich, als würde man einen Ventilator anstellen, pfeift Wind über das Land. Und so bleibt das Wetter die nächsten Tage. Zum Eiswind gesellen sich Regen und Hagel.

Unsere Gesichter sind rissig. Juliana versucht das Sauwetter mit einem Witz zu übergehen: „Gut, daß bei dieser Kälte selbst die Moskitos zu Hause bleiben." Aber noch ein Gutes hat der Kälteeinbruch bewirkt: Das Mackenzie-Delta ist von einem Farbenrausch erfüllt.

In Inuvik – Ort der Menschheit, wie er in der Sprache der Inuit heißt –, einer Siedlung mit Weißen und Inuit, halten wir kurz an, um Lebensmittel zu kaufen und eine Nachricht bei der Radiostation zu hinterlassen. Der Wortlaut: „Zwei deutsche Kanuten suchen einen Lift über den Dempster und Alaska Highway nach Süd-Alberta."

Als ich aus der Radiostation rauskomme, fordert mich ein stämmiger, mir völlig unbekannter Inuit auf, mich mit ihm im Armheben zu messen, ein beliebter Wettkampf im Norden. Mit einem Schwung, ohne spürbaren Widerstand, drücke ich den Arm meines Gegenübers auf die Tischplatte. Nun ja, nach mehr als achtzig Tagen Paddelei... Unsere Bauch- und Armmuskeln sind hart wie Stahl. Keiner von uns beiden hat ein Gramm Fett zuviel.

Ich greife wieder nach der Tüte mit Lebensmitteln: Eier, Schinken, Brot, Müsli, Schokolade. Den rechten Arm lege ich auf Julianas Schulter. Ich habe sie nicht nach ihren Gedanken und Wünschen gefragt in diesem Moment. Vielleicht hätte sie sonst gesagt: „Laß uns den Trip hier beenden." Es wäre kaum mehr als ein kleiner Schönheitsfehler in Sachen Vollständigkeit. Nur ein bis zwei Tagereisen trennen uns noch vom Eismeer, aber sie weiß, daß mir noch das Salzwasser fehlt, der krönende Abschluß, das Salz in der Suppe des Abenteurers.

In der Nacht vom 27. auf den 28. August krieche ich so tief in meinen Daunenschlafsack wie nie zuvor auf dieser Reise. Das Gedröhn einer Einmotorigen weckt uns schon kurz nach sieben Uhr wieder auf.

„Kneif mich", sage ich, als ich das Zelt einen Spalt öffne. Schnee! Eine durchgehende weiße Schicht bedeckt unsere Insel, nicht mehr als zwei Zentimeter dick, aber immerhin. Winter, die lange Jahreszeit des Nordens, hat begonnen. „Unglaublich! Weißt du noch, wie wir vor knapp drei Wochen nackend gepaddelt sind und nicht wußten, wohin vor Hitze?"

Ich krieche raus und hole den Behälter mit Kaffeewasser, das ich am Abend zuvor geschöpft hatte. Eine zwei Zentimeter dicke Eisschicht bedeckt den Topf.

Ein paar Schneeflocken tanzen immer noch, als wir abends in die Shallow Bay, eine Bucht der Beaufort-See, einlaufen. Nach achtundachtzig Tagen haben wir unser Ziel erreicht...

Wir gehen an Land und kuscheln uns im Schutz einer umgestürzten Fichte aneinander. Zum Glück hat das Schneetreiben jetzt aufgehört. Aber eisiger Nordwind schneidet tief in die Haut. „Woran denkst du?"

Juliana sieht mich an, lächelt. „Ich bin zufrieden... und froh, daß wir's geschafft haben. Aber noch zufriedener bin ich, daß wir die Tour überhaupt gemacht haben." Sie lehnt ihren Kopf an meinen.

Noch am selben Abend springe ich bei drei Grad minus ins Meer und gieße mir einen Kochtopf mit Eismeerwasser über den Körper. Mit einer Flasche Sekt hätte meine arktische Taufe sicherlich anders ausgesehen...

Juliana empfängt mich am lodernden Lagerfeuer mit einem Handtuch und rubbelt mich ab. Die Wärme der Flammen entspannt meine Haut. Ich ziehe mich an. Wir hängen uns Decken um und schlürfen heißen Tee. Der Himmel ist erstmals seit Tagen wieder klar. Die Sterne funkeln, als hätte man sie diese Nacht extra für uns poliert. Und dann – anfangs zögernd noch – huschen helle Streifen über den Himmel. Zum Schluß geistert und wabert ein Lichterstakkato übers Firmament: Aurora borealis, Nordlicht, ein Naturschauspiel der dunklen Jahreszeit, das man in hellen

Ende August – und schon Schneetreiben im Delta

Sommernächten selten erlebt. Ich blicke über das schwerfällig schwappende Wasser dorthin, wo Norden ist. Mein Blick verliert sich im Grau der Nacht. Dahinter gibt's nur noch eins – den Nordpol.

Zwei Tage später sind wir wohlbehalten zurück in Inuvik. Als wir uns bei der RCMP ein allerletztes Mal registrieren, kauft ein Polizist kurz entschlossen unser Kanu. „Für die Entenjagd." Bereits eine Stunde später habe ich meine Angelausrüstung an ein kleines Touristikunternehmen verhökert.

Juliana kommt außer Atem angerannt. „Schnell, wir kriegen eine Mitfahrgelegenheit auf zwei Lkws der Points North Company zum Alaska Highway!"

Die Eile der letzten drei Stunden hat uns kaum Zeit gelassen durchzuatmen, geschweige denn, uns und unsere Kleidung zu waschen. Im Abendlicht dröhne ich bereits auf der „Arctic Queen", einem Riesen-Truck im Pendelverkehr zwischen Süd-Kanada und der Arktis, zurück zur Mackenzie-Fähre bei Arctic Red River. Irre, denke ich, dreitausend Kilometer nur für eine Strecke – und das im Linienverkehr... Juliana folgt uns in einem mächtigen „White Truck".

Gut 4500 Kilometer sind's zurück bis zu unserem Auto in La Loche, Saskatchewan. Bis nach Whitehorse, der Hauptstadt der Yukon-Territorien, nehmen uns unsere Lkw-Fahrer mit. Den Rest der Strecke wollen wir unser Glück als Anhalter versuchen. In einem kleinen Gehölz am Stadtrand von Whitehorse schlagen wir unser Zelt auf und beginnen mit längst fälligem Hausputz. Was wir an Ausrüstung nicht mehr benötigen, stecken wir in eine Mülltonne. Nachdem wir unser Gepäck reduziert und geordnet haben, gießen wir uns mit unserem verbeulten und verrußten Kochtopf Duschwasser über die Köpfe. Mein Gott, das wurde auch Zeit...

Ein Autofahrer auf einem nahen Weg hält und sieht neugierig zu uns rüber. Ich lache und winke. Er gibt Gas und rollt weiter.

„Wollen wir jetzt im Ort richtig vornehm essen gehen?"

Es ist tatsächlich Juliana, die vorschlägt, lieber Pfannkuchen am

Lagerfeuer zu backen und Tee zu kochen. „So wie immer." Sie spricht mir aus der Seele.

Abends tanzt noch einmal das Nordlicht. Den Kopf auf die Schlafsackrolle gelegt, die Füße fast im Feuer, wärme ich meine Hände am heißen Teebecher. Ich habe nur Augen für das Schauspiel über mir. Der Himmel feiert ein Lichterfest.

„War das nicht ein großartiger Trip?" Daran, daß wir gekentert sind, die Hälse riskiert haben und meine Kameraausrüstung abgesoffen ist, denke ich in diesem Moment nicht mehr. Ich schließe die Augen und lasse die Bilder der letzten Monate an mir vorüberziehen, sehe uns über Athabasca-, Sklaven- und Mackenzie-Fluß gen Norden paddeln.

„Wie viele hunderttausendmal wir wohl die Paddel ins Wasser gestoßen haben?" Ich höre noch immer das „Pitsch, pitsch, pitsch", die Begleitmusik zum Abenteuer. Und ich muß lächeln, als ich an Moskitos und Bären denke. Meine Gedanken wandern zurück zu jener unvergeßlichen Nacht auf dem Großen Sklavensee, als wir im perfekten Lichterspiel von Mondschein und Nachtrot durch die Bilder meiner Jungenträume paddelten. „Dies war eins der großartigsten Erlebnisse meines Lebens..., auch im Menschlichen. Weißt du, von mir aus könnte es morgen wieder losgehen."

Juliana fährt mit ihrer Hand über die meine, daß Hornhaut auf Hornhaut schabt. Sie sieht mich an. Sie wirkt heute gelöster als die letzten Tage. Der Schein des Lagerfeuers zuckt über ihr Gesicht. Wie oft habe ich das doch während der letzten Wochen gesehen...

„Jetzt kommt erst einmal Winter. Und da du kein Kanu mit Schneekufen hast, hättest du schwere Zeiten auf dem Fluß." Sie lächelt.

Manchmal ist sie so unschlagbar realistisch. Vielleicht brauchen Träumer das als Gegenpol.

Infos

Temperaturen
Durchschnittliche Tagestiefst- und Tageshöchstwerte an
verschiedenen kanadischen Orten (°C)

	Mai		Juni		Juli		Aug.		Sept.		Okt.	
	T	H	T	H	T	H	T	H	T	H	T	H
British Columbia												
Kamloops	8	22	11	25	13	29	12	28	8	22	4	14
Penticton	6	1	10	25	12	29	12	27	8	22	3	15
Prince Rupert	5	13	8	15	10	17	10	17	8	15	6	11
Vancouver	8	17	11	19	13	22	13	22	10	18	6	14
Victoria	7	17	9	19	11	22	11	21	9	19	6	14
Alberta												
Banff	1	14	5	18	7	22	6	21	3	16	-1	10
Calgary	3	16	7	20	9	23	8	22	4	17	-1	12
Edmonton	3	17	7	21	9	22	8	22	3	17	-2	11
Jasper	2	16	6	19	8	23	7	21	3	16	-1	10
Lethbridge	4	18	9	22	11	26	10	25	6	20	1	14
Yukon												
Whitehorse	1	13	6	18	8	20	7	18	3	12	-3	4
Northwest Territories:												
Frobisher Bay	-7	0	0	7	4	11	3	10	0	5	-8	-2
Inuvik	-6	4	4	16	8	19	5	16	-1	7	-12	-5
Yellowknife	0	10	8	18	12	21	10	18	4	10	-4	1
Saskatchewan												
Prince Albert	3	17	8	22	11	24	9	23	3	16	-3	10
Regina	4	18	9	22	12	26	10	25	5	19	-2	12
Saskatoon	4	18	9	22	12	25	10	24	5	18	-1	11
Manitoba												
Churchill	-5	2	2	11	7	17	7	15	2	9	-4	1
Winnipeg	5	18	11	23	13	26	12	25	6	18	1	12

Zeit

In Alberta und dem Osten British Columbias gilt Mountain Time
(MEZ minus 8 Std.). Um eine Stunde später ist man im Westen
der Provinz British Columbia dran (Pacific Time, MEZ minus 9
Std.). Diese Zeitzone gilt auch für das Yukon Territory. Alaska hat
Alaska Time (MEZ minus 10 Std.) mit Ausnahme der westlichsten
Abschnitte der Aleuten-Inselkette (Hawaii-Aleutian Time, MEZ
minus 11 Std.). Den Luxus dieser „eigenen Zeitrechnung" erlau-
ben sich die Bewohner der vier westlichsten Aleuten-Inseln Adak,
Atka, Attu und Shemya.

Anreise

Schnelle Flugzeuge und flotte Flugverbindungen haben die Anreise nach Westkanada und selbst ins ferne Alaska auf weniger als
zehn Stunden reduziert. Zielflughäfen sind Calgary, Edmonton,
Vancouver und Whitehorse in Kanada sowie Fairbanks und An-
chorage in Alaska. Von April bis Oktober werden weitere Ziele in
Kanada von Charterfluggesellschaften angeflogen. Innerhalb Kanadas gibt es ein dichtes Flugnetz. Ausländische Touristen können
in Verbindung mit ihrem Transatlantik-Ticket für innerkanadi-
sche Flüge einen Sondertarif in Anspruch nehmen, der allerdings
bereits im Heimatland gebucht werden muß.

Die Anreise mit dem Schiff wird weitgehend denen vorbehalten bleiben, die eine große Kreuzfahrt buchen. Eine interessante
Kanada-Alaska-Verbindung könnten Kreuzfahrtschiffe sein, die
zwischen Mai und September zwischen San Francisco und An-
chorage via „Inside Passage" verkehren.

Die Fahrt mit dem Auto von Südkanada nach Nordwesten auf
dem Landweg ist ein zünftiges Abenteuer für sich. Der Alaska
Highway beginnt in Dawson Creek und endet nach 2244 km in
Fairbanks/Alaska. Er ist gut ausgebaut und mit einem immer
dichter werdenden Netz von Servicestationen ausgestattet.

Gesundheitsvorsorge

Besondere Impfungen sind nicht erforderlich. Für den Krankenhausaufenthalt von Ausländern werden ein Tagessatz und eine Gebühr – abhängig von der medizinischen Ausstattung und der Dauer des Aufenthaltes – berechnet. Die Höhe der Kosten ist von Krankenhaus zu Krankenhaus verschieden. Man darf sich jedoch darauf einstellen, daß pro Tag 1.000 bis 2.000 Dollar anfallen. Schon allein aus diesem Grund ist die Mitnahme einer Kreditkarte empfehlenswert. Noch wichtiger ist jedoch der vorherige Abschluß einer Auslandsreisekrankenversicherung (z.B. beim ADAC), da die normale Krankenversicherung Kosten im Ausland in aller Regel nicht übernimmt. Wer sich per Kanu oder zu Fuß tief in die Wildnis hineinbegibt, sollte eine Reiseapotheke mit sich führen, in der neben Binden und Pflastern auch Mückenschutzmittel nicht fehlen sollten. Es wird das überall in Kanada, aber auch in den USA erhältliche Mittel „Muscol" empfohlen.

Im übrigen ist die medizinische Versorgung in Nordamerika hervorragend. Krankenhäuser und andere medizinische Einrichtungen sind in Kanada (auch in entlegensten Regionen) – wo ein Charterflugzeug den Kranken in den meisten Fällen schnell zum nächsten Hospital bringen kann – hervorragend.

Camping

Camping zählt zu den Highlights einer Reise durch den Nordwesten. Das Netz kommerzieller Campingplätze ist sowohl in Kanada als auch in Alaska relativ dicht. Fast alle dieser *campgrounds* bieten guten Komfort, in entlegenen Regionen entschädigen oft einmalige Lage und Wildnisambiente für das gelegentliche Fehlen von Heißwasser und gefliestem Bad. Ein besonderes Erlebnis ist das Campen in den oft zauberhaft gelegenen Campingplätzen der National-, Provincial und State Parks. Während der Hauptreisezeit sollte insbesondere in den Nationalparks der Rocky Mountains, aber auch bei den Highlights Alaskas das Prinzip *„first come first serve"* (wer zuerst kommt, mahlt zuerst) bedacht werden. Oft sind Campingplätze schon am frühen Nachmittag gefüllt.

Grundsätzlich gehört das Campen so selbstverständlich zum Leben der Alaskaner und Kanadier wie der Schnee zum Winter und die Mücken zum Sommer. Die Campingplätze (vor allem in den Nationalparks) sind zudem gute Gelegenheiten, um mit den Einheimischen Kontakt zu kriegen, etwa abends am Lagerfeuer, wo nicht nur von Kindern Marshmallows an frischen Weidenzweigen über heißer Glut getoastet werden.

In entlegenen Regionen ist es selbstverständlich, daß man im Wohnmobil oder im Zelt in freier Natur übernachten darf. Man muß sich allerdings immer vergewissern, daß man sich nicht auf Privatgrund befindet. In diesem Punkt sind Nordamerikaner sehr eigen.

Eine Bitte: Landschaft und Vegetation des Nordlandes sind empfindsam. Seien Sie vorsichtig mit den Ressourcen. Die arktische Vegetation wächst langsam, und mancher Busch bzw. Baum benötigt vielleicht Jahrhunderte, um zu einer stattlichen Größe zu wachsen. Für das Lagerfeuer sollte daher nur herumliegendes Holz gesammelt werden. Fällen Sie keine lebenden Bäume! Wegen der im Sommer zumeist großen Waldbrandgefahr muß das Lagerfeuer von einem Steinwall umgeben sein. Zum Schluß ist es unbedingt mit Wasser zu löschen und mit Erde zu bedecken! In moosigen Gebieten besteht die Gefahr, daß ein Schwelbrand sich unterirdisch weiterfrißt. Wie andernorts gilt natürlich auch hier, daß Abfälle und Müll eingesammelt und wieder mitgenommen werden.

Per Auto ins Mackenzie-Delta
Von Alberta nach Inuvik

Am besten mit bereits von Deutschland aus gemietetem Fahrzeug, vorzugsweise einem robusten Pick-up-Camper oder VW-Bus, beginnt die Fahrt gen Norden zweckmäßigerweise in Edmonton oder Calgary. Wer genug Zeit und sich selbst den Sinn für Romantik und Abenteuer bewahrt hat, folgt zunächst der *forestry trunk road*, eine Holzfällerstraße, grob und zerfurcht wie die zähen Burschen selbst. Parallel zu den Rocky Mountains zieht sie sich 1000 km gen Norden. Ein Geheimtip für jene, die Touristenmassen aus dem Weg gehen wollen.

Bei Grande Prairie geifen die Räder erstmals wieder Asphalt. Von nun an bleibt das Bild für einige Stunden unverändert: Weizenfelder ohne Ende, dazwischen riesige Getreidespeicher. Ein Stück weiter nördlich bei Grimshaw beginnt der Mackenzie Highway. Zunächst gen Norden verlaufend, zieht er sich dann am Großen Sklavensee vorbei nach Westen. Die Straße ist oft rauh. Steine prasseln gegen den Wagen. Kaum ein Auto, das nicht Risse wie Krakenarme auf der Windschutzscheibe hat. Bei Fort Simpson stößt der Mackenzie Highway auf den Liard Highway, einen Neuling unter den Straßen Westkanadas und ein rauher, schottriger Bursche dazu,

Einige Tage später: Die Hauptschlagader des Nordwestens ist erreicht. „Alcan" nannte man den Schlammpfad einst. Damals war es eine Militärpiste nach Alaska. Seitdem hat sich der Alaska Highway gemausert, wurde breit ausgebaut, so daß er heute problemlos auch mit einem großen Wohnmobil zu befahren ist. Die Versorgung mit Sprit und Unterkünften ist hervorragend. Ein Stopp lohnt unbedingt beim Sign Post Forest von Watson Lake.

Bei Whitehorse, der Hauptstadt der Yukon Territories, verläßt man den Alaska Highway und rollt auf dem gut ausgebauten Klondike Highway bis kurz vor Dawson City. Bei Kilometer 480 kommt eine Abzweigung und damit der Beginn von Kanadas nördlichster Straße: Dempster Highway. Ausschließlich eine Straße für Abenteurer? Vielleicht …, mißt man mit deutscher Elle. Nur zwei Tankstellen gibt's zwischen hier und Inuvik im Mackenzie Delta auf 743 km.

Der Dempster Highway führt durch die Ogilvie Mountain, über Hochlandtundren, vorbei an glasklaren Bächen und Flüssen – sicherlich durch eine der bizarrsten Landschaften der Welt. Den einzigen full service gibt's in Eagle Plains, 363 km nach Beginn des Dempster, dazu ein Hotel und kaltes Bier.

Fähren mit regelmäßigem Service bringen den Wagen über den Peel River und bei Arctic Red River über den Mackenzie River. Danach ist es nur noch ein kurzes Stück nach Inuvik – dem Ende aller Straßen.

Kanufahren in Kanada
Tips für Anfänger oder Leute mit wenig Zeit

7800 Kilometer lang ist der Trans Canada Highway, die Straße *number one* von Neufundland im Osten bis Britisch-Kolumbien im Westen Kanadas. Das ist ein Superlativ. Doch Ingenieurleistungen schrumpfen, verglichen mit den *Highways of the North*, den endlosen Wasserwegen der Indianer und Pelzhändler. Auf ihnen wurde das zweitgrößte Land der Erde erschlossen: im Kanu. Wen wundert's da, daß Kanufahren in Kanada – auch in touristisch erschlossenen Gebieten – heute noch so zünftig ist wie 1780 zur Blüte des Pelzhandels.

Klingende Namen wie Athabasca River, Yukon, Klondike laden da ein – wer hoch hinaus will, kann zum Eismeer oder zum Beringmeer weiterpaddeln. Monatelang. Doch dürften das vermutlich die Ausnahmen bleiben.

Das Kanada-Erlebnis auf dem Wasser, das Vordringen, Paddelschlag für Paddelschlag, in eine an Unendlichkeit erinnernde Weite, ist aber längst nicht mehr Aussteigern vorbehalten. Mit Campmobil, Bus oder Flugzeug gut zu erreichen, stehen selbst im entlegenen Nordwesten Mietkanus bereit, und auf ausgearbeiteten Routen wird die Wildnis auch Urlaubern zugänglich, die nur ein paar Wochen Zeit haben: beispielsweise zehn Tage im Kanu auf dem Yukon River à la Jack London zum Klondike. Das schaffen auch Leute ohne besondere Kanuerfahrung; der Rücktransport der Boote ist Sache des *Outfitters*, des Vermieters.

Oder Britisch-Kolumbien: Auf dem Seenverbund des „Bowron Lake Provincial Park" ist man selten völlig allein. Für den, der gestern noch am Schreibtisch saß, ein ganz beruhigendes Gefühl.

Bowron Lake Provincial Park, in der Provinz Britisch-Kolumbien gelegen, befindet sich rund 144 km südöstlich von Prince George in den Caribou Mountains. Auf einer Größe von rund 121 600 Hektar Wildnis liegen sechs miteinander durch kleine Wasserarme verbundene Seen, die auch den Anfänger in Sachen Wildnis und Kanufahren zu Paddeltouren einladen. Eine malerische, zerklüftete Bergwelt umrahmt den Seenverbund. Will man den gesamten Rundkurs erkunden, sollte man mindestens eine Woche Zeit ansetzen: 116 Kilometer lang, führt die Strecke über den Bowron, Indianpoint, Isaac, Lanezi, Sandy und Spectacle Lake sowie einer Anzahl kleiner Flüsse. Hier und dort ist die Verbindung zwischen den Wasserstraßen nur durch Portagen zu schaffen, bei denen Boot und Ausrüstung geschleppt werden müssen. Das gilt auch für die Umgehung von Stromschnellen und Wasserfällen.

Alle Portagen-Trails sind gut markiert und leicht erkennbar. Auf dem gesamten Rundkurs sind sieben Portagen zu bewältigen. Für Besucher mit weniger Zeit stehen auch kurze Kanurouten ohne Portagen zur Verfügung.

Um den Wildnischarakter zu erhalten, läßt die Parkverwaltung nur Gruppen von maximal sechs Personen zu.

Die Chance, auf der Route Wild, vielleicht sogar einen Elch, formatfüllend vor die Kamera zu bekommen, ist groß. Das Hochland um Bowron Lake ist u. a. die Heimat der Karibus, Gebirgsziegen…, aber auch der Grizzlybären.

Wer kein eigenes Boot zur Verfügung hat, kann sich ein Kanu außerhalb des Provincial Park mieten. Eine Anzahl *Outfitter*, die den Kanuten mit dem Notwendigsten versorgen, befindet sich in Quesnel, B. C., und Wells, B. C.

Hier wie überall in der Wildnis Kanadas gilt das Gebot: sich gut vorbereiten und zünftig ausrüsten. Das betrifft auch die Lebensmittelvorräte. Starke Winde können Kanuten für einige Tage ans Ufer bannen.

Auf den Campingplätzen entlang der Routen befinden sich Vorrichtungen, auf denen Lebensmittel bärensicher verstaut werden können. Weitere Informationen erteilt vor Ort das „Information Centre" direkt am Parkanfang gelegen.

Wells Gray Provincial Park, auch in Britisch-Kolumbien, offeriert auf einer Fläche von mehr als einer halben Million Hektar ebenfalls sehr schöne Kanurouten: z. B. den Clearwater/Azure-Lakes-Rundkurs von 102 km Länge. Start ist beim „Clearwater Lake Campground". 19 km lang ist der Mahood Lake mit alten indianischen Malereien an den Ufern. Der Murtle Lake wird wegen seiner Szenerie als einer der schönsten Wildnisseen Britisch-Kolumbiens bezeichnet.

Neben Kanurouten bietet „Wells Gray" dem Naturfreund eine große Anzahl szenisch hervorragender Wildnis-Trails. Zu den Höhepunkten des Wells Gray Provincial Park zählen jedoch zweifellos die Wasserfälle, die den Park berühmt gemacht haben. Da ist „Dawson Falls", wo sich der 91 m breite Murtle River 18 m tief in ein, wie in Parkbroschüren zu lesen ist, „Mini-Niagara" stürzt. Einige Kilometer unterhalb von Dawson Falls finden sich die dröhnenden „Helmcken Falls" – stattliche 137 m hoch.

Athabasca, Slave und Mackenzie River in Kürze

Athabasca River: Er entspringt an einer der schönsten Stellen Kanadas, im Herzen der Rocky Mountains, am Columbia Icefield im Jasper National Park.

Eine sehr reizvolle Kanutour – noch in den Rockies – beginnt 64 km unterhalb des Columbia Icefield. Bis Hinton, gerade außerhalb der Nationalparkgrenzen, zieht sich der Fluß durch großartigste Gebirgslandschaft.

Der erste Teil des Athabasca River sollte allerdings Kanuexperten vorbehalten bleiben. Eine Reihe von Stromschnellen in flotter Folge sorgt für *boiling water*. Dazwischen dröhnen die Athabasca-Fälle, die auf 2 km umtragen werden müssen. Vom Ort Jasper bis hin zur Parkgrenze stört dann keine Stromschnelle mehr den Flußtrip durch ein Gebirgspanorama, das die Note „Eins" verdient.

Die weitere Strecke bis Fort McMurray sollte nur wagen, wer Wildwassererfahrung hat oder bereit ist, sein Kanu über lange Strecken zu portagieren. Die letzte Flußetappe hingegen von Fort McMurray bis zum Athabasca-See ist ein ruhiges Paddelerlebnis auf einem breiten stattlichen Strom ohne nennenswerte Wasserturbulenzen.

Slave River: Wer den Sklavenfluß mit dem Auto erreichen will, kann, von Hay River kommend, durch den Wood Buffalo National Park bis Peace Point fahren. Von dort ist es eine 224 km lange

Paddeltour auf dem Peace und später Slave River bis Fort Smith. Nachdem die Stromschnellen bei Fort Smith umtragen worden sind, beträgt die Reststrecke auf dem Fluß bis Fort Resolution noch 280 km.

Die gesamte Paddeltour bis zum Großen Sklavensee ist innerhalb von 14 Tagen zu schaffen. In Fort Resolution besteht Anschluß an das öffentliche Straßennetz.

Mackenzie River: Der Mackenzie kann sowohl mit Motorboot als auch im Kanu befahren werden. Die Flußlänge des mächtigen Stromes beträgt gut 1600 km.

Kanuten können ihre Flußreise entweder in Fort Simpson, Hay River (am Großen Sklavensee) oder Fort Providence starten. Alle drei Orte sind mit dem Auto von Süden aus zu erreichen. Auf Wunsch bringen ortsansässige Flugunternehmen denjenigen, der seine Kanutour auf einem der Nebenflüsse des Mackenzie River beginnen will, samt Ausrüstung und Boot in die entlegensten Winkel Nordwestkanadas.

Gute, detaillierte und zuverlässige Karten (Maßstab 1 : 250000) sind für alle Kanurouten Kanadas beim „Canada Map Office" zu erhalten. Genaue Anschriften sollten bei den örtlichen Touristenbüros erfragt werden.

Das Kanu – von den Anfängen bis heute

Das Kanu, wie wir es kennen und zumeist als Freizeitgerät nutzen, wurde vor ungezählten Generationen von der indianischen Bevölkerung Nordamerikas entwickelt. Änderungen und Verbesserungen erfolgten entsprechend der Entwicklung der verfügbaren Werkzeuge und der geographischen Gegebenheiten sowie des beabsichtigten Verwendungszwecks des Bootes. Entscheidend beeinflußt wurde die Entwicklung des Kanus auch von den erhältlichen Baumaterialien – allesamt natürliche Rohstoffe wie Rinde, Holz, Wurzeln etc.

Man kann sich vorstellen, daß es in Nordamerika eine riesige Formen- und Typenvielfalt des für die damaligen Menschen lebensnotwendigen Kanus gab. Unser heutiger Kanutyp ist, vereinfacht gesagt, den ursprünglich im Gebiet der Great Lakes, der Großen Seen, gebauten Kanus nachempfunden. Stellvertretend sei hier das von den Ojibway entwickelte Boot genannt, dessen Form wir heute, dank Indianerfilmen und -literatur, als „typisch indianisch" betrachten.

Die Eroberung des amerikanischen Kontinents durch den weißen Mann hatte für die indianische Bevölkerung fatale Folgen, auch was ihre Birkenrindenkanus betraf. Die Boote der Alten Welt waren auf den Flußsystemen des amerikanischen Ostens den leichten Kanus weit unterlegen, und so wurden vor allem zur Pelzhandelszeit unzählige bis zu zwölf Meter lange Birkenrindenkanus, die sogenannten „Voyageurkanus", gebaut. Doch die Rinden-Ressourcen waren bald erschöpft, Neues mußte her. Etwa zur Mitte des 19. Jahrhunderts entstanden der Form des Birkenrindenkanus nachempfundene Holzkanus, die – um sie dicht zu bekommen – mit imprägniertem schwerem Baumwolltuch bezogen wurden. Es waren die sogenannten „Wood & Canvas Canoes". Dann um 1870 war man schließlich in der Lage, dichte Holzkanus zu fertigen.

Schon bald nahmen der Tourismus und der Freizeitgedanke an Bedeutung zu. Ein blühender Wirtschaftszweig entstand, der Kanubau. Seinen Höhepunkt erlebte er in den 20er Jahren des 20. Jahrhunderts, vor allem im Gebiet des kanadischen Städtchens Peterborough, daher auch der Name „Kanadier". Hier konstruierte man auch sogenannte „Leistenkanus", deren Leisten sich gegenseitig überlappten und somit das Bootsinnere dauerhaft vor eindringendem Wasser schützten.

Hohe Herstellungskosten ließen diese Leistenkanus in der Folgezeit immer rarer werden und so waren bis in die 50er Jahre hinein fast nur noch die stoffbespannten Wood & Canvas Canoes erhältlich. Als dann allerdings Aluminium und wenig später glasfaserverstärkter Kunststoff verwendet wurden, war der natürliche Werkstoff Holz bald fast völlig vom Kanumarkt verdrängt.

Währenddessen hatte sich jedoch eine Leistenbauweise ganz anderer Art im Bootsbau entwickelt und die Reanimierung des

Holzkanubaus war erneut denkbar. Ein holzverarbeitender Betrieb und ein Kanubauer im US-Bundesstaat Washington wagten sich an das Projekt heran und veröffentlichten ein Buch über den Selbstbau von Kanus, Pläne inklusive.

Der Erfolg blieb nicht aus. Etwa 40 Jahre sind seither vergangen und heute werden überall auf dem amerikanischen Kontinent und seit einigen Jahren auch in Europa wieder Holzkanus gebaut. Jedoch kaum einer fertigt diese Boote auf gewerbliche Weise, denn für Fertigkanus gibt es kaum einen Markt. Schließlich ist die Leistenbauweise wie gemacht für den Selbstbau, spezielle Vorkenntnisse werden dabei kaum benötigt und man spart Kosten.

Wer in Erwägung zieht, sich ein hölzernes Kanu zu bauen, findet auch im deutschsprachigen Raum Spezialanbieter (z. B. den „Canoe & Paddle Store" Roland Hess in Stuttgart). Kanu-Baumaterialien sind in verschiedenen Zusammenstellungen erhältlich. Es gibt komplette Bausätze, Ausrüstung, Fachbücher, Entwürfe individueller Bootsrisse und Fachzeitschriften zum Thema Holzkanu-Bau mit entsprechenden Adressen.

Liebe geht durch den Magen – auch beim *Outdoor*-Leben
Erfahrungen, Tips, Koch- und Backrezepte für die Wildnis

Wenn wir in Nordamerika nicht gerade mit dem Kanu in der Wildnis unterwegs waren, reisten wir mit dem eigenen VW-Camper. Statt eines Lagerfeuers verfügten wir dann über zwei Gasflammen, und den kleinen Kochtopf konnten wir gegen mehrere große eintauschen. Angesichts allgegenwärtiger „Hamburger-Kultur" fiel es uns nicht schwer, auf Imbißstuben und Restaurants zu verzichten.

Da wir uns selbst verpflegten, wären wir kulinarisch voll auf unsere Kosten gekommen, wäre da nicht das amerikanische Brot, auf das wir dann und wann zurückgreifen mußten… Ich bin kein verwöhnter Schlemmer, doch bei Dauerbelastung mit pappig weichem Brot fängt mein Magen an zu rebellieren.

Wir kauften daher für wenige Dollar einen kleinen, tragbaren, aufklappbaren Coleman-Backofen. Einfach auf die Gasflamme gestellt und von unten durch die Hitze des Kochers beheizt, hat er wahre Wunder der Backkunst vollbracht: vom Vollkornbrot in den Rockies bis hin zum Nußkuchen am Alaska Highway. Praktisch und handlich zudem, läßt er sich mit wenigen Handgriffen in ein kleines Päckchen zusammenlegen.

Im Camper hat man den gewohnten Komfort und Platz und all die benötigten Hauhaltsutensilien um sich herum. Viel Vorbereitung und Überlegung erfordert es jedoch, für Monate im Kanu auf den Flüssen und Seen der kanadischen Wildnis zu verschwinden. Unser Stauraum für Vorräte war begrenzt und der nächste *shop* vielleicht vier Wochen entfernt.

Es gibt Leute, die schwören auf gefriergetrocknetes Essen. Auch ich habe mich mittlerweile damit angefreundet, denn Qualität und Geschmack wurden im Lauf der letzten Jahre erheblich verbessert. (Tip: Hersteller z. B. Mountain House). Für lange Trips auf dem Kajak, in dem der Stauraum stark begrenzt ist, eine ausgezeichnete Alternative zu herkömmlichen Mahlzeiten. Und *dehydrated food,* (auch *freeze dried food*) ist schnell zubereitet. Alubeutel aufreißen, kochendes Wasser reingießen, und nach zehn Minuten kann der Inhalt direkt aus der Tüte gelöffelt werden.

So praktisch gefriergetrocknetes Essen auch sein kann, für lange Kanutrips ohne Portagen ziehe ich herkömmliches vor. Das geringe Mehr an Gewicht trägt das Kanu, zudem sind getrocknete Erbsen, Bohnen und Linsen ebenso leicht und nicht minder herzhaft. Kleine Portionsdosen mit Frühstücksfleisch und Würstchen runden den Geschmack ab. Kartoffeln mitzunehmen war ein Luxus, den wir uns nur selten gegönnt haben. Püree ist da schon praktischer.

Unsere Proviantliste für zwei Personen und vier Wochen sieht etwa so aus:

10 kg Mehl	1 kg Schinkenspeck
4 kg Reis	1 kg Dauerwurst
4 kg Nudeln	1 kg Würstchen
1 kg Püree	2 Dosen Frühstücksfleisch/
3 kg Brot	Corned Beef
1/2 kg Trockenerbsen	1 kg Margarine
1/2 kg Trockenbohnen	1 kg Schmalz
1/2 kg Linsen	1 kg Bratfett

2 kg Haferflocken/Gries	1 kg Käse (Scheibletten)
1 kg Rosinen	12 Eier/Eipulver
1 kg Backpflaumen	250 g Ketchup/Tomatenmark
1 kg Milchpulver	in Dosen
1,5 kg Zucker u. Süßstoff	1/2 kg Backpulver
1/2 kg Salz	250 g Nüsse/Sonnenblumen-
400 g Pulverkaffee	kerne
200 g Tee oder Teebeutel	2 kg Zwiebeln
125 g Kakao	1 kg Karotten
1 kg Marmelade	Knoblauch, Gewürze, Brühwürfel,
1/2 kg Honig	Fertigsuppen

Zugegeben, zusammen ergibt das ein beachtliches Gewicht. Ich habe noch gut die Schweißtropfen in Erinnerung, wenn wir unsere Lebensmittelsäcke um Stromschnellen und Wasserfälle herumschleppen mußten. Doch abgesehen von der Notwendigkeit einer umfassenden Ausrüstung – auch für Notfälle –, war sie für uns angenehmer Teil unserer Wildniserlebnisse, den wir nicht missen möchten.

Juliana war unser Koch; ich hatte mich aufs Backen spezialisiert. Oft war ich mit Ehrgeiz dabei, im Lehm der Steilufer Löcher zu graben und sie in einen Backofen umzufunktionieren. War die Hitze groß genug, kamen Grill und Brotteig hinein.

Patentrezepte für solche Art des Backens gibt's wohl kaum. Zuviel hängt von den Umständen ab, dem Holz, dem Wind und der Beschaffenheit des Bodens... Das beste ist, es selbst auszuprobieren.

Schlägt man in Wildniskochbüchern nach, wird man manche Backanregung finden, viele aus der Improvisation heraus geboren. Kochgeschirre und leere Dosen haben als „Öfen" auch schon Erstaunliches geleistet.

Sicher wird man derartige Experimente auf Tage mit ausreichend Zeit beschränken. Zum Glück aber gibt's bewährte Backtechniken, die sich in Minutenschnelle realisieren lassen. Von Bannocks war schon die Rede. Die Teigzubereitung ist einfach und schnell erledigt: Mehl wird mit Margarine, Wasser, Salz, etwas Zucker sowie Backpulver angerührt. Etwa daumendick wird die zähflüssige Masse in eine heiße Pfanne gegeben und einige Minuten von beiden Seiten gebacken. Will man knuspriges Brot erhalten, legt man den Bannock anschließend kurz über die Glut des Lagerfeuers und backt die Seiten nach. Frisch vom Feuer weg schmeckten sie uns am besten. Aufgetoastet waren sie auch Tage später noch ganz hervorragend.

Neben dem Pfannen-Bannock, der Ähnlichkeit mit orientalischem Fladenbrot hat, schätzten wir Stock-Bannocks. Der Teig gleicht dem des Pfannen-Bannocks, nur daß er fester ist. Es werden Teigklumpen geformt, um die Spitze eines frischen Weidenzweiges gewickelt und einige Zeit über starker Glut gedreht.

Leuten mit „süßem Zahn" sind *hot cakes* zu empfehlen. Einem süßen Bannock-Teig werden Rosinen zugefügt; das Ganze wird bei mittlerer Glut in der geölten Pfanne von beiden Seiten gebacken.

Marmelade ist in entlegenen Gebieten oft recht teuer. Doch dafür gibt's im Sommer Mengen wilder Beeren. Auf Lichtungen und rund um verlassene Trapperhütten sind sie am reichhaltigsten.

Roh gegessen bringen sie den Vitaminhaushalt in Ordnung, und zu Marmelade verarbeitet waren sie ausgezeichneter Brotaufstrich. Einige Päckchen Opekta und genügend Zucker hatten wir stets dabei.

Ich habe nie für mich in Anspruch genommen, ein begabter Jünger Petris zu sein. Doch in nordischen Gewässern ist es schier unmöglich, kein Angelglück zu haben. Sollte sonst kein Fisch beißen, ein Hecht hängt sicher bald am Haken.

Fische, gebraten oder in Folie gebacken, sind eine willkommene Abwechslung auf dem Speiseplan des Waldläufers. Zudem haben wir gesalzenen Fisch auf Stöcken über offenem Feuer stundenlang getrocknet und geräuchert. Man braucht dazu nur etwas Geduld, gleichmäßiges Feuer ohne hohe Flammen und möglichst keinen Wind. Doch das Ergebnis lohnt den Aufwand. Der Fisch hält sich über Tage und läßt sich danach noch als Fisch-*pemmican* weiterverarbeiten. In Anlehnung an alte Berichte hat Juliana ein eigenes Rezept zusammengestellt, das so aussieht:

Getrockneter, geräucherter Fisch wird zerstampft und mit Wasser, Margarine/Fett, Salz, Zwiebeln und Gewürzen aufgekocht, bis ein dickflüssiger Brei entsteht. Dieser wird gekochtem Reis untergerührt und dem hungrigen Voyageur vorgesetzt.

Einige erprobte Wildnisrezepte

Für *Nor'wester*, die auf den Geschmack gekommen sind, nachfolgend einige Rezepte, die Nordlandköchen zwischen Mackenzie River und Alaska abgeguckt worden sind:

Gebackene Gans in Lehm: Die Gans ausnehmen, Hals und Beine abtrennen, die Federn jedoch nicht abrupfen. Innen gut salzen. Danach die Gans mit einem Faden fest umwickeln und von außen ganz in weiche Erde einpacken. Der „Erdbal" wird in heiße Glut gelegt und ein bedeckendes Feuer darauf und drumherum gebaut. So die Gans etwa eine Stunde garen lassen. Danach die Hülle mit einem Messer aufbrechen, die Federn sind im trockenen Erdball steckengeblieben.

Fleisch-pemmican: Fleisch (z. B. vom Elch) in dünne Streifen schneiden, mit Salz bestreuen und längere Zeit zum Trocknen aufhängen. Darunter ein leichtes Feuer entfachen, das die Fliegen abhält. Das getrocknete Fleisch ca. 10 Minuten in Wasser kochen mit Schmalz zu Brei rühren. *Pemmican* wird mit wilden Früchten oder gehackten Zwiebeln gemischt und portionsweise in Beuteln aufbewahrt. Bei Bedarf wird es als Mahlzeit mit Wasser aufgekocht.

Sitka Lachs-Burger: Zutaten: 500 g Lachs, 1 geschlagenes Ei, 1/4 Teel. Knoblauchsalz, 1 Eßl. gehackte Zwiebel, 1/4 Teel. Pfeffer, Paniermehl, Fett zum Braten, 6 weiche Brötchen.
Der Lachs wird trockengetupft, zerstampft und mit den übrigen Zutaten gemischt. Aus dem Brei werden 6 Frikadellen geformt und in Paniermehl gewendet. Das Ganze in heißem Fett von beiden Seiten braten und zwischen getoasteten Brötchen servieren.

Die sourdoughs sind ein Begriff im Nordland: wetterfeste Burschen, die, wo immer sie langzogen, Behälter mit *sourdough* (= Sauerteig) zum Brotbacken mit sich führten

Sauerteigbrot: Man nehme: 1/2 l Sauerteigstarter, 2 Eßl. Zukker, 1 Teel. Salz, 1 Eßl. Öl, 2 Eßl. Sojamehl, 40 g Milchpulver, 1/16 l Wasser.

Man vermischt das Ganze in der genannten Reihenfolge in einer Schüssel. Nach und nach 500 bis 600 g Mehl unterrühren und zum Schluß 5 Minuten gut durchschlagen. Eine große Backform fetten und den Teig hineinfüllen, mit einem sauberen Tuch abdekken und an einem warmen Ort aufgehen lassen. Ca. 50 Minuten bei 180 bis 200 Grad backen.

Auch der Sauerteigstarter ist einfach zuzubereiten: Man benötigt: 300 g Mehl, 3 Teel. Zucker, 1/2 l warmes Wasser, 1 Teel. Salz, 1 Tüte Trockenhefe oder einen Würfel frische Hefe.

Alles zusammen wird in einer Schüssel verrührt – aber keinerlei Metallgegenstände verwenden! Den frischen Starter über Nacht an einen warmen Platz stellen und am nächsten Tag in ein Glas mit durchlöchertem Schraubdeckel füllen. Der so gewonnene Starter ist an einem kühlen Platz (z. B. Kühlschrank aufzubewahren).

Nach Entnahme eines Teils des Starters zum Backen (wenigstens einmal wöchentlich sollte dieser wie folgt aufgefüllt werden: 150 g Mehl, 1/4 l Milch, 100 g Zucker. Die Zutaten sind mit dem Starterrest zu vermischen. Frühestens 24 Stunden später kann der Starter wieder verwendet werden.

Ein Wort zum Thema „Survival"

Es ist gut zu wissen, was einen erwartet, wenn man für lange Zeit der Zivilisation den Rücken kehrt, auch was das Überleben in der Wildnis anbelangt. Gute Vorbereitung, praktische, vor allem stabile Ausrüstung und zuverlässiges Kartenmaterial sind unerläßlich.

Das Studium sogenannter Survival-Handbücher kann sicher nicht schaden.

Für wichtig allerdings halte ich, sich nicht durch Anregungen fürs Überleben im Grenzbereich zum Unmöglichen auf lebensbedrohliche Abenteuer einzulassen.

Im Norden der kanadischen Provinz Alberta erzählte mir ein Polizist von zwei verwegenen Deutschen. Ausgerüstet mit angelesenen Survival-Kenntnissen, Plastikfolie, Draht und Messern hatten sie versucht, sich freiwillig in der Kunst des Überlebens zu üben. Das ging so lange gut, bis sie an die falschen Pilze und Wurzeln gerieten. Sie schafften es gerade noch bis zu einer bewohnten Trapperhütte. Den Rettungshubschrauber der Mounties sollen sie zwar als Stilbruch ihres Abenteuers empfunden, doch dankbar als Geschenk Manitous akzeptiert haben.

Gerade wir Mitteleuropäer auf dem Trail des Abenteuers werden in Kanadas Wildnis von Offiziellen des Forest Service und der Polizei gelegentlich skeptisch betrachtet. Die Erfahrungen der letzten Jahre mit „Waldläufern auf Zeit" waren nicht immer gut.

Gezügelter Abenteuerdrang, vor allem zu Reisebeginn, wird vor manchem Schaden bewahren. Daß trotzdem zu allem immer noch eine Handvoll Glück gehört, steht auf einem anderen Blatt.

Die Erkundung der Welt

Dieter Kreutzkamp
Yukon River
Im Kajak allein zum Beringmeer

Yukon River – der Name weckt Erinnerungen an den Goldrausch und die Romane von Jack London. Über 3000 Kilometer legt der Abenteurer mit dem Kajak auf diesem reißenden Strom zurück.

Carmen Rohrbach
Im Reich der Königin von Saba
Auf Karawanenwegen im Jemen

Nach Erfahrungen auf allen Kontinenten beschließt Carmen Rohrbach, sich den großen Traum ihrer Kindheit zu erfüllen: Allein durch den geheimnisvollen Jemen, mit viel Intuition und wachem Blick.

Fergus Fleming /Annabel Merullo
Legendäre Expeditionen
50 Originalberichte

Die großen Entdecker der Geschichte in Originalberichten und -illustrationen: eine buntgemischte Gruppe aus Forschern, Seefahrern, Wanderern und Abenteurern, die Außerordentliches leisteten.

Das Glück liegt in der Ferne.

Claire Scobie
Wiedersehen in Lhasa
Die Geschichte einer außergewöhn-
lichen Freundschaft zweier Frauen

»Ein Reisebuch, das in äußere und
innere Welten entführt und den
ausgetretenen Pfaden der Klischees
traumwandlerisch ausweicht.«
DIE WELT

Andrew Stevenson
Mein Weg zum Mount Everest
Auf dem Trekking-Pfad durchs
Khumbu Himal

Eine bewegende Pilgerreise zu
den Orten und Menschen am Fuße
des Mount Everest und ein einfühl-
sames Porträt einer der beliebtesten
Trekking-Regionen der Welt.

Andrew Jackson
Das Buch des Lebens
Eine Reise zu den Ältesten der Welt

Eine Reise zu den ältesten
Menschen der Welt: als Hommage
an das Leben und an das Alter
als Lebensphase der Reife und der
Ernte.

MALIK ☐ NATIONAL GEOGRAPHIC

10/ 10 36/ 02/ 3 s

Go down under!

Michèle Decoust
Träume auf roter Erde
Eine Begegnung mit Australien

Michèle Decoust sucht das wahre Australien fernab der Touristenströme und lauscht den Geschichten der Aborigines. Authentisch, lebendig und bewegend erzählt.

Roff Smith
Eiskaltes Bier und Krokodile
Mit dem Fahrrad durch Australien

Unterwegs an den Rändern Australiens: Der Amerikaner Roff Smith kündigt seinen Job und bricht auf zu einer Entdeckungsreise um den Kontinent, auf dem er seit 15 Jahren lebt.

Barbara Veit
Tasmanien
Australiens grünes Paradies

Eine geheimnisvolle Insel voller Überraschungen: Barbara Veit zeichnet ein facettenreiches Bild des noch relativ unbekannten Landes der Mammutbäume und lebenden Fossilien.

In der Stille der Wildnis

Konrad Gallei/Gaby Hermsdorf
Blockhaus-Leben
Ein Jahr in der Wildnis Kanadas

Mitten in der Wildnis Kanadas baut Konrad Gallei mit Freunden ein Blockhaus. Doch trotz sorgfältiger Planung fordert bald Unvorhergesehenes alle Phantasie und Kreativität.

Chris Czajkowski
Blockhaus am singenden Fluss
Eine Frau allein in der Wildnis Kanadas

Unerschrocken macht sich die Abenteurerin Chris Czajkowski auf und zimmert sich – ohne besondere Vorkenntnisse – ihr Traumhaus inmitten der Schönheit unberührter Natur.

Dieter Kreutzkamp
Husky-Trail
Mit Schlittenhunden durch Alaska

Zwei Winter lebt Dieter Kreutzkamp mit Familie in Blockhäusern am Tanana- und Yukon-River. Höhepunkt seines inspirierenden Ausstiegs auf Zeit: das berühmte Iditarod-Rennen.

MALIK NATIONAL GEOGRAPHIC

Wie die wilden Kerle reisen.

Ewan McGregor/Charley Boorman
Long Way Round
Der wilde Ritt um die Welt

Mit den beiden Lehr-
meistern des Abenteuers
in 115 Tagen um die Welt.

»Ein Männertraum.«

ZDF

Richard Bangs/Pasquale Scatturo
Der Nil – durch die blaue Hölle
Die abenteuerliche Erstbefahrung
aller 5245 Nil-Kilometer

»Abenteuer pur:
atemberaubend erzählt.«

Globetrotter

Colin Angus
Amazonas Extrem
Drei Männer, ein Boot,
ein Abenteuer

Ein schwindelerregender
Rafting-Trip mit dem
NATIONAL GEOGRAPHIC
»Adventurer of the Year«.

Naturgewalten

Hauke Trinks
Leben im Eis
Tagebuch einer Forschungsreise
in die Polarnacht

Das einjährige Forschungsabenteuer
eines Physikers in der Polarnacht,
nur in der Gesellschaft zweier Hunde
– und zahlreicher Eisbären. So
spannend kann Wissenschaft sein.

William Stone/Barbara am Ende
Höhlenrausch
Eine spektakuläre Expedition
unter der Erde

Riskante Kletterpartien, gefährliche
Tauchgänge ins Ungewisse,
wochenlanges Leben unter der Erde
– die packende Erforschung einer
der größten Höhlen der Welt.

Carla Perrotti
Die Wüstenfrau
An den Grenzen des Lebens

Carla Perrotti durchwandert allein
die Kalahari und die größte Salz-
wüste der Erde in Bolivien und
findet unter den überwältigenden
Eindrücken der Natur zu sich
selbst.

MALIK ☐ NATIONAL GEOGRAPHIC

10/1005/02/3s

Carmen Rohrbach

INSELN AUS FEUER UND MEER
Galapagos –
Archipel der zahmen Tiere

Ein Jahr lang – teilweise völlig allein auf der unbewohnten Insel Caamano – erforscht Carmen Rohrbach das Verhalten der drachenartigen Meerechsen auf Galapagos.

JAKOBSWEG
Wandern auf dem Himmelspfad

Carmen Rohrbach unterwegs auf dem berühmten Pilgerweg in Spanien. Sie erlebt sternklare Nächte in einsamer Natur, ist oft der Erschöpfung nahe und wird doch reich belohnt.

DER WEITE HIMMEL ÜBER DEN ANDEN
Zu Fuß zu den Indios in Ecuador

Ein halbes Jahr lang wandert Carmen Rohrbach durch die Anden, erlebt die gewaltige Weite der Hochebene, besteigt Vulkane und besucht farbenfrohe Märkte. Eine Reise für alle Sinne.